ソッコーで人間を
ダメにするウマさ

悪魔の食べ合わせレシピ

鈴木隆一

講談社

CONTENTS

Chapter 1 日本人の舌がよろこぶ「おいしい！」味覚…6

▼おいしさを可視化…7
▼感知可能な5基本味…8
▼基本味に〝辛味〟は含まれない…9
▼日本人が好む味覚Best3…10
▼日本人好みの味覚…11
▼無限ループな悪魔の味覚…12
▼悪魔的味覚の祓《はら》い方…13
▼完全無欠な味覚…14
▼納豆の真骨頂…15
▼奇跡の食べ合わせ…16
▼ちょい足しで旨味最強…17
▼酒別「合う料理」…18
▼酒がすすむ絶品つまみ…19

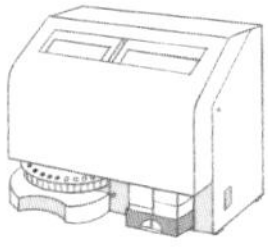

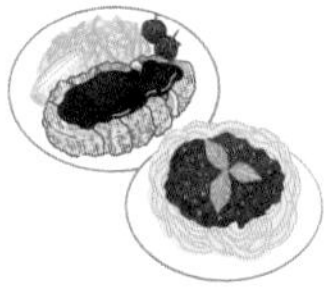

Chapter 2 「調理なし」の激うまちょい足し…20

▼やらなきゃ損する！ 最強ちょい足し…21

1 バナナ＋シラス…22
2 スナック菓子＋マヨネーズ…23
3 フライドポテト＋卵焼き…24

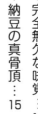

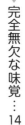

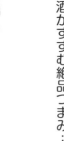

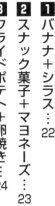

4 いなり寿司＋クリームチーズ…25
5 ポップコーン＋牛乳…26
6 和風煮物＋タバスコ…27
7 カルボナーラ＋納豆…28
8 かぼちゃの煮物＋プリン（生クリーム）…29
9 カップ麺＋酢…30
10 みそ＋チョコ…31
11 揚げ物＋ジャム…32
12 カレー＋『ピノ』…33
13 フライドポテト＋あんこ…34
14 インスタントコーヒー＋炭酸水…35
15 白あえ＋生クリーム…36
16 緑茶＋チーズ…37
17 冷やし中華＋マーマレード…38
18 マカロニサラダ＋バニラアイス…39
19 ゴマ塩＋ココア…40

20 野菜ジュース＋豆乳…41
21 生ハム＋『アイスの実』…42
22 コーンクリームスープ＋バタークッキー…43
23 マーボー豆腐＋インスタントコーヒー…44
24 梅酒＋飲むヨーグルト…45
25 きつねうどん＋しば漬け…46
26 カレー＋納豆…47
27 コーヒー＋食塩…48
28 ゆで卵の黄身＋ハチミツ…49
29 牛乳＋しょうゆせんべい…50
30 焼きそば＋納豆…51
31 魚卵＋お菓子…52
32 牛乳＋梅干し…53
33 プリン＋納豆…54
34 インスタントラーメン＋プリン…55
35 チョコアイス＋天かす…56

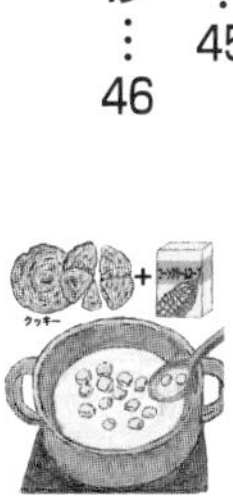
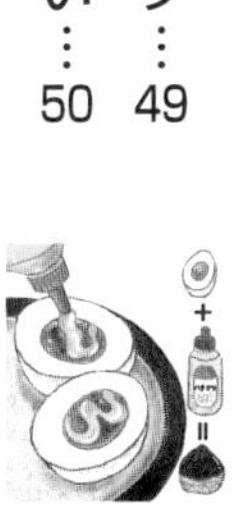

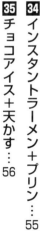

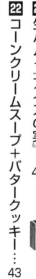

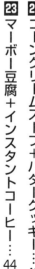

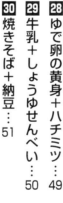

36 キュウリ＋ピーナッツバター…57
37 サラミ＋ぶどう…58
38 カニのほぐし身＋チーズタルト…59
39 納豆＋ドライフルーツ…60
40 昆布の佃煮＋バターピーナッツ…61
41 マシュマロ＋キャビア…62
42 卵かけご飯＋『のりたま』…63

Chapter 3 食材のポテンシャルを引き上げる、かんたん調理

…64
▼調理のコツを知って旨さ100倍…65
43 バタートースト＋納豆…66
44 バタートースト＋焼き豆腐…67
45 マヨネーズトースト＋砂糖…68
46 マヨネーズ＋カリカリ梅…69
47 クリームチーズドライフルーツ＋花山椒…70
48 餅＋納豆（ネギ&醤油）…71

49 ウニ＋桃…72
50 ホタテ貝柱＋グレープフルーツ…73
51 トマト＋パイナップル…74
52 明太子＋りんご…75
53 魚の煮つけ＋ドライアンズ…76
54 サンマ塩焼き＋梨…77
55 ぶどう＋大根おろし…78
56 豚バラ肉＋イチジク…79
57 すき焼き＋レモン…80

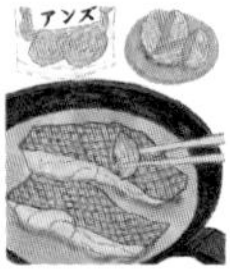

58 マグロ＋ドライマンゴー…81
59 豚バラ肉＋酒粕…82
60 とんかつ＋トマト…83
61 ご飯＋ポテトチップス…84
62 トマト＋砂糖…85
63 豚バラ肉＋りんご…86
64 スイカ（白い部分）＋ホタテ貝柱缶…87
65 卵焼き＋アーモンドチョコ…88
66 エビ天＋チョコレート…89
67 ご飯＋みかん…90
68 チーズリゾット＋洋梨…91
69 食パン＋コーンスープの素…92
70 ステーキ＋スイートポテト…93
71 プレーンヨーグルト＋大根おろし…94
72 柿＋セロリ…95
73 鯛＋キウイフルーツ…96

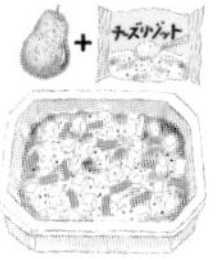

74 イチゴ＋ボンゴレビアンコ…97
75 ステーキ＋チョコ…98
76 ベーコン＋チョコ…99
77 イチゴ＋ゴーダチーズ…100
78 イチゴジャム＋豆腐…101
79 みそ汁＋チーズ…102
80 サバ水煮缶＋大根古漬け…103
81 バナナ＋キャベツトースト…104
82 ポテトサラダ＋発酵食品…105
83 ツナチーズトースト＋マシュマロ…106
84 バニラアイスのせバナナ＋山椒…107
85 ロースハム＋バームクーヘン…108
86 べったら漬け＋サワークリーム…109
87 焼き餅＋焼き塩鮭…110
88 しょうゆせんべい＋炊き込みご飯…111

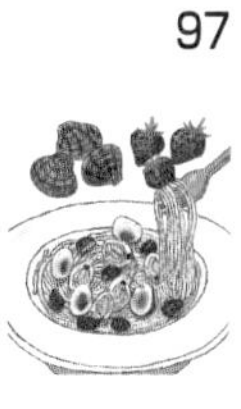

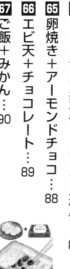

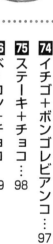

Chapter 1

日本人の舌がよろこぶ「おいしい!」味覚

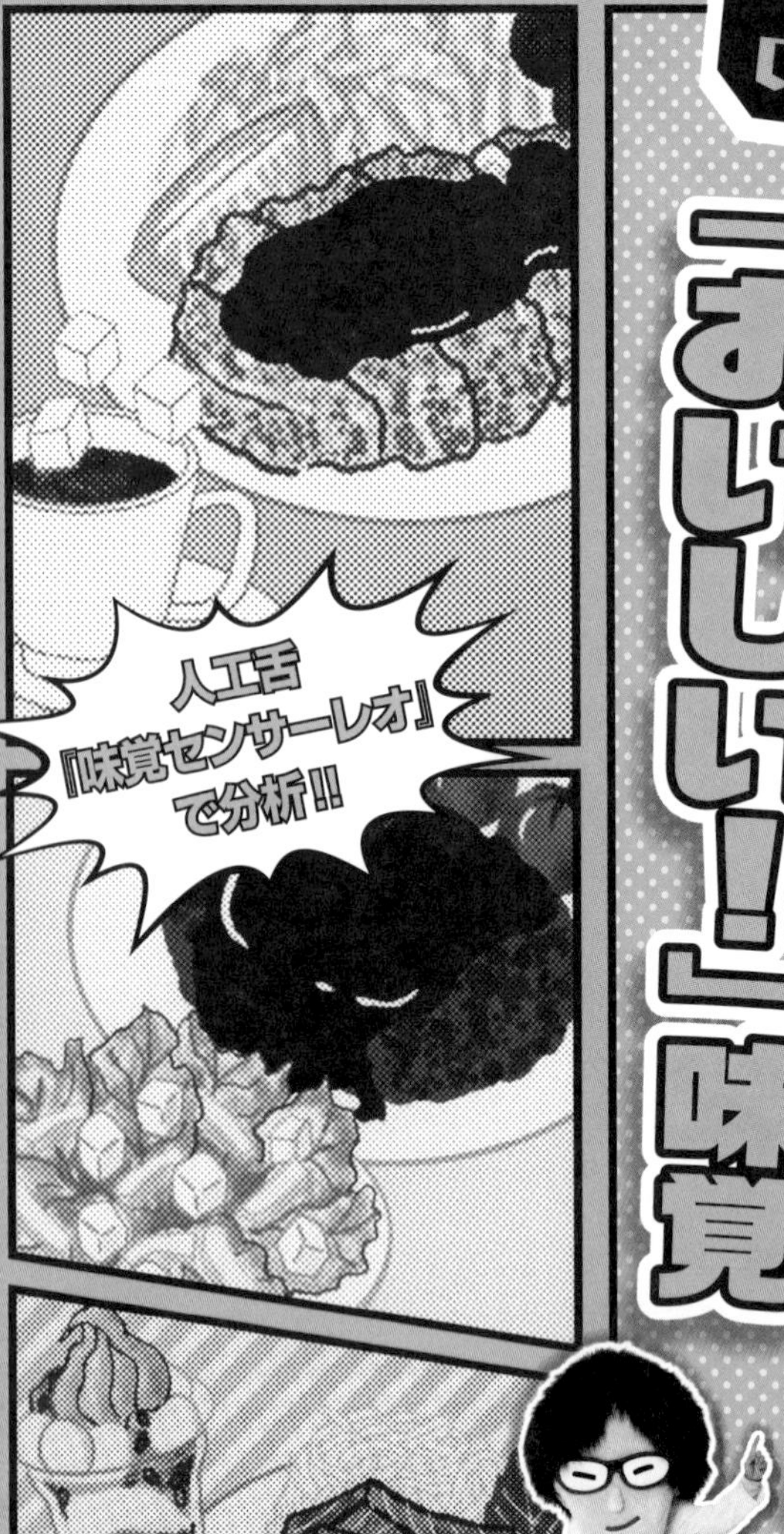
人工舌
『味覚センサーレオ』
で分析!!

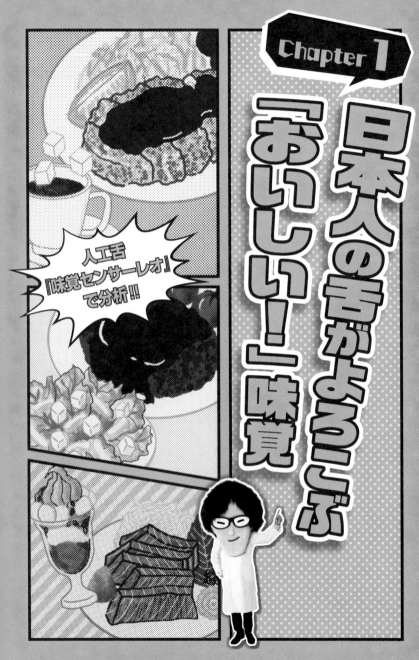

おいしさを可視化
5つの基本味で分析！

なぜ？と考え方

食べ物や飲み物を、多くの日本人に味わって点数評価してもらい、アンケート結果をAI（人工知能）に学習させたのが、人工舌『味覚センサーレオ』。

「おいしい」は国や地域でも嗜好が異なりますが、『味覚センサー』は日本人の平均的な味覚を基準に作られており、食品、飲料の商品開発や支援など「味」に関する企業向けビジネスで幅広く活躍中です。

味覚分析は、5基本味（甘味《あまみ》・塩味《えんみ》・酸《さん》味《み》・苦味《にがみ》・旨味《うまみ》）で行いますが、すべての味が強い正五角形は「おいしくない」と判断されることもわかりました。

なぜなら、4つ以上の味が強い場合、甘くてしょっぱくて酸っぱくて苦い……と、どの味も感じにくくなるためです。本書では、日頃は食べ慣れていないけれど、実はおいしい食べ合わせを『味覚センサーレオ』によってはじき出し、提案します。

感知可能な5基本味

なぜ？と考え方

人間の舌が感知できる5つの基本味とは、甘味・塩味・酸味・苦味・旨味を指します。（本書では、すべて漢字表記します）

よく「おいしさ」を「旨味がある」と表現する人がいますが、味覚センサー的には〝旨味＝おいしさ〟ではありません。旨味は他の味覚同様に、身体に受容体が存在する味覚の1つです。実際問題、旨味成分だけを摂取してもおいしくはありません。

旨味はおいしさを作る要素ではありますが、「おいしさ」には味の組み合わせが重要。

ちなみに、旨味は甘味と構造が似ていて、少しの塩味を加えると旨味が強調されます。例えるなら、スイカに塩をかけると甘味がより強く感じるのと同じです。

肉や野菜など、すべての食材には旨味が含まれますが、おいしく食べるにはプラス塩味が欠かせません。

基本味に"辛味"は含まれない

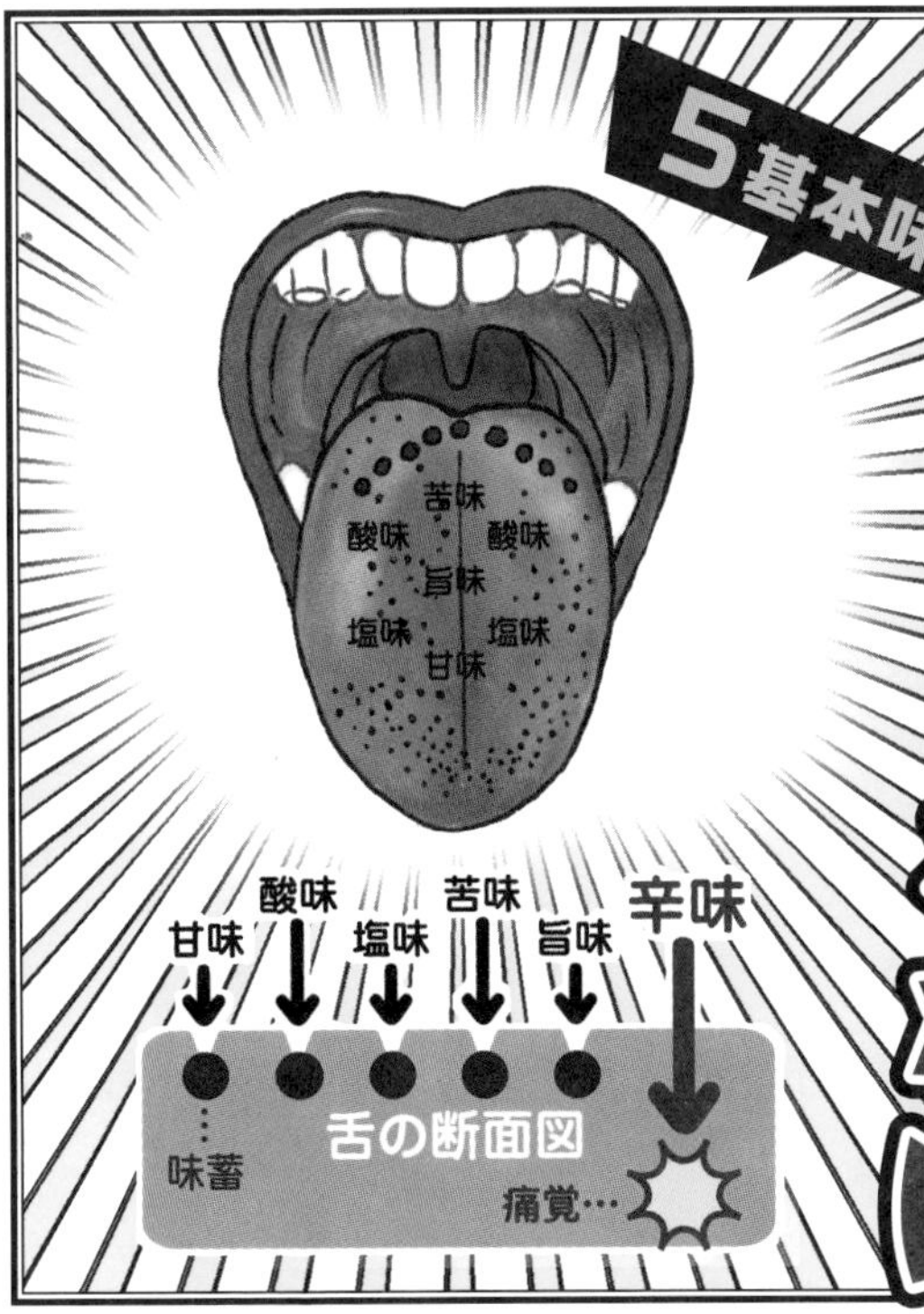

なぜ？と考え方

5基本味に"辛味《からみ》"が抜けている！と思った方。本書では"辛味"は味覚ではなく"痛覚"と捉えます。

唐辛子を食べると、辛味成分カプサイシンが直接感覚神経に働きかけるため、熱いと錯覚して、発汗作用を促し、口中もホットな感覚になります。脳は体が攻撃されたと感じて、体の補修を助けるために攻撃力をアップする、アドレナリンというホルモンを分泌します。

辛いものを食べると元気になり、快感を覚える人がいるのはこのせいです。

また、メキシコでは日本の昆布だしのように唐辛子をだしとして使います。唐辛子には昆布同様、アミノ酸系旨味成分グルタミン酸が豊富に含まれるので理にかなっています。激辛料理ファンが多いのは、刺激だけではなく、この旨味成分を本能的に求めているのかもしれません。

日本人が好む味覚Best3

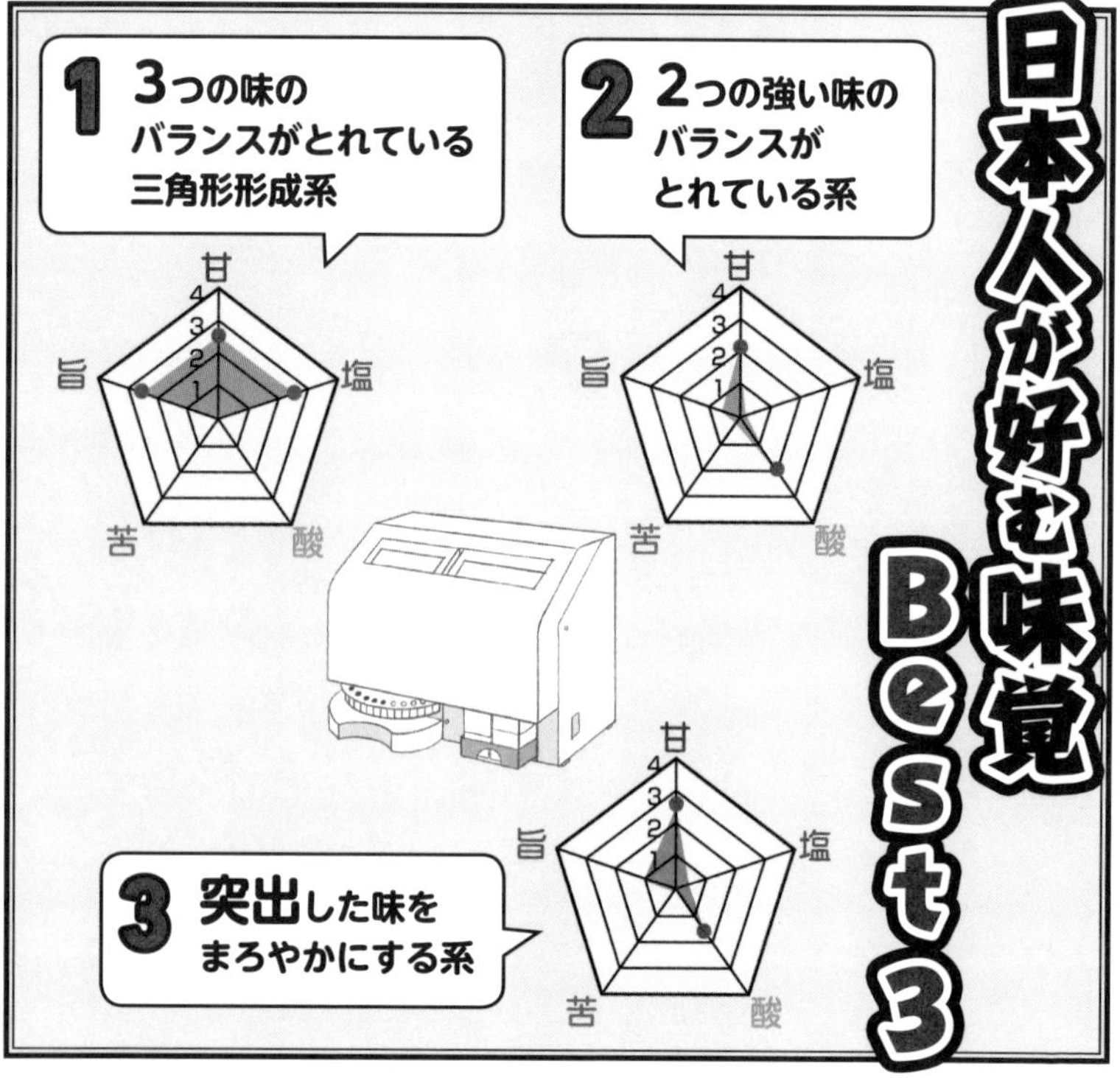
1 3つの味のバランスがとれている三角形形成系
2 2つの強い味のバランスがとれている系
3 突出した味をまろやかにする系
甘
塩
酸
苦
旨
4
3
2
1

なぜ？と考え方

我々日本人がおいしく感じる味覚は以下の3パターン。

1つ目は「3つの味のバランスがとれている三角形形成系」。例えば、焼き鳥のタレ味は（甘味・塩味・旨味）の三角形で、コーヒーに砂糖を加えると（甘味・酸味・苦味）の三角形になります。

2つ目は「2つの強い味のバランスがとれている系」。例えば、旨味の強い肉に塩をふったり（旨味・塩味）、ヨーグルトに砂糖を加える（酸味・甘味）などで、合わせることで2つの強い味のバランスがとれます。

3つ目は「突出した味をまろやかにする系」。突出した味とは、1つまたは2つの味が強い食材のことで、そこに似た系統で味の弱い食材を加えると味のバランスがとれます。例えば、パイナップルの強い甘味と酸味に、少々味の弱めなトマトを合わせると、まろやかなおいしさになります。

日本人好みの味覚

1 3つの味のバランスがとれている三角形形成系

〈食べものの例〉

焼き鳥のタレ味……………………「甘味・塩味・旨味」
ハンバーグのデミグラスソース…「酸味・旨味・塩味」
抹茶スイーツ………………………「甘味・苦味・旨味」
コーヒーに砂糖を加える…………「甘味・酸味・苦味」
シーザーサラダ……………………「塩味・酸味・苦味」
トマトソースのパスタ……………「酸味・旨味・甘味」

2 2つの強い味のバランスがとれている系

〈食べものの例〉

- **対比効果で旨味が強まる「旨味」+「塩味」**
  刺身+しょうゆ、ステーキ+塩
- **フルーツのような味覚の「酸味」+「甘味」**
  イチゴ、グレープフルーツ、キウイフルーツ
- **抑制効果で苦味を控える「苦味」+「甘味」**
  抹茶スイーツ、栗の渋皮煮

3 突出した味をまろやかにする系

〈食べものの例〉

突出した味		まろやかにする味
パイナップル(甘味・酸味)	+	トマト(主張が少ない味覚)
とんかつ(旨味・塩味)	+	キャベツ(主張が少ない味覚)

無限ループな悪魔の味覚

なぜ？と考え方

甘味と塩味が同程度の食べ物はやみつきになりやすい特徴があります。

例えばツナマヨおにぎり。コンビニおにぎりで一番人気というのも納得の、やみつきの味です。

また、炭酸飲料は甘味が強く、スナック菓子は塩味が強い。2つを一緒に食べると塩味と甘味がほぼ同数値で、もう止まらない。ちなみに味覚を同程度に揃えるとは、砂糖25：塩5：酢20：旨味調味料1で味の強さはほぼ同じと言われています。

塩味は刺激系、甘味は中和系の味覚に分類され、この2つの味覚で刺激→中和を繰り返すと、脳はもっと食べたい！　と指令を発します。

例えば、チョコがけポテトチップス（塩味＋甘味）は双方の味が強く、おいしく感じる経時《けいじ》対比効果があるため、食べ始めたら永遠に止まらない悪魔的な組み合わせです。

悪魔的味覚の祓《はら》い方

なぜ？と考え方

チョコがけ柿の種（甘味・塩味）のように、食べ始めたら止まらない濃い味の悪魔的味覚は、脳の喜びを司る神経回路に快感を感じさせる〝脳の報酬系〟が刺激されます。ドーパミンやオピオイドなど快楽に関する神経伝達物質の分泌で依存性が出て、やめられない薬物中毒のようになることも。

食べすぎ回避には、脳を早く満足させる昆布やカツオ節のだしなど、旨味の強いものを摂るのが効果的。

炭酸飲料やスナック菓子の無限ループは、レモン水など酸味の強い飲み物にし、甘味と塩味のスパイラルから脱却を試みるのが良策。レモン水の酸味のように1つの味覚が強いと「もういいや」と飽和状態になるのでドカ食い防止になるのです。

酸味以外では普段からココアを飲んでおくと、ココアに含まれる亜鉛効果で味覚力がアップし、結果的にドカ食いが防げます。

完全無欠な味覚
ドドーーン

なぜ？と考え方

味覚センサー的に完璧な味覚とは、（塩味・甘味・旨味）3つがバランスの良い状態で、合わせる相手を選びません。この味覚を備える食品は、から揚げ、カレーライス、ハンバーグ、とんかつ、かつ丼、親子丼、焼きそば、しょうゆせんべいなど。これらはいずれも味が濃く、皆が食べ慣れた味です。例えばカレーライスにとんかつ、ハンバーグ、から揚げを入れたりしてもおいしい。

失敗しないコツは肉や魚などのメイン食材が二つ以上にならないこと。理由はかつ丼に親子丼をかけたら最初はおいしくても、味のしつこさから味覚が飽和状態になり、食べ疲れてしまいます。

また、クセや油が強いものも重ならないほうがベスト。若い頃は肝臓の働きが良いので、ガッツリ濃厚系をいくら食べても大丈夫ですが、年齢を重ねていくと次第にヘビーになります。

バアーン
納豆の真骨頂
味も匂いも強いもの同士で合わせる
蒙古タンメン
辛さの中に旨みあり

なぜ?と考え方

人が味を感じる味蕾《みらい》は舌の表面にあり、唾液に溶解しなければ味は感じません。納豆は、粘り気が味を強く感じさせて後引く味にしてくれます。納豆には旨味と苦味が各少々含まれますが、味覚を支配しているのは粘り気の方。

最近、激辛カップ麺に納豆を入れると味がまろやかでおいしくなると話題ですが、ネバネバのおかげで辛味成分が口の痛覚に届きにくく作用しているようです。また、辛い食品には強い香りの香辛料が多く含まれるため、主張が強い納豆の臭いも気にならなくなります。

味同様、匂いも強いもの同士、弱いもの同士で合わせるのがベスト。

別の食材を足すことで好まない味を感じにくくさせることを「マスキング」（被《ひ》覆《ふく》効果）といいます。特有の臭みが消えて旨味だけ残る結果になっています。

奇跡の食べ合わせ

なぜ？と考え方

主な旨味成分はアミノ酸系旨味成分（グルタミン酸）と核酸系旨味成分（イノシン酸、グアニル酸）の2つ。これらの異なる旨味成分を組み合わせると、相乗効果によって旨味は7〜8倍にも倍増します。

主にグルタミン酸は昆布を始め、植物性食品やチーズやみそなどの発酵食品、穀類に含まれます。イノシン酸は肉や魚などの動物性食品に、グアニル酸はきのこ類に含まれます。

例えどんなに高価な食材で手間ひまかけて調理をしても、同じグループの旨味成分同士のかけ合わせでは、残念ながら旨味相乗効果は生まれません。

コンビニ食材でも旨味相乗効果は考えられています。おにぎりはカツオ節やツナ（イノシン酸）＋米（グルタミン酸）の組み合わせ。また、話題のサバサンドも、サバ（イノシン酸）＋パン（グルタミン酸）で王道の旨味相乗効果的組み合わせになっています。

ちょい足しで旨味最強。。

なぜ?と考え方

どの食材にも旨味成分は含まれていますが、上手に調理しないと食材に本来備わった旨味を損なうこともあります。

そこで、誰でも手軽に使える「旨味調味料」や、和・洋・中など料理ジャンル別の「だしの素」が大人気です。

しかし、これらを使わずとも、単独で旨味のバランスが取れている神食材（複数の旨味成分が含まれている）があります。

作った料理の味が少し物足りないときにちょい足しすれば旨味がほとばしります。ピックアップすると以下の通り。のり（グルタミン酸＋イノシン酸＋グアニル酸）、ドライトマト（グルタミン酸＋グアニル酸）、干ししいたけ（グルタミン酸＋グアニル酸）など。

野菜のおひたしにカツオ節をかけるように、野菜料理がもの足りないときは、イノシン酸が含まれる肉やチリメンジャコなどの動物性食品をちょい足しすると効果的です。

酒別『合う料理』

料理と酒は
味の強さを
揃える
Vin blanc
Vin rouge
ジュ～～

なぜ?と考え方

料理に合わせて酒を選ぶとき、基本的には食べ合わせのコツと同じで、味の強さを揃えて、補い合う味覚を組み合わせるところから始まります。

例えば、繊細な味の白ワイン（甘味・酸味・苦味）には淡白な味の鯛やホタテ貝柱などの魚介類（旨味・塩味）を合わせ、強い味の赤ワイン（苦味・酸味）にはコク旨なステーキ（旨味・甘味・塩味）などを合わせます。

肉や魚などのメイン料理は（旨味・甘味）の味構成が多いため、甘味や旨味を引き立てる苦味や酸味のある酒が好相性。甘めの酒を合わせるのは味覚センサー的にはNGです。

カクテルは（甘味・酸味・苦味）の味構成で基本的にはつまみは合わせにくいのですが、塩味のスナック、ビターチョコとは好相性。そのほか、ゴーヤやクレソンなど苦味のある野菜を加えたフルーツサラダなどもおすすめです。

酒がすすむ絶品つまみ

なぜ？と考え方

酒と相性が良いつまみとは、旨味を強調する対比効果や、適度な抑制効果を生む組み合わせをいいます。

まずはどんな料理にでも合う酒No.1は（苦味・酸味）の焼酎。アルコールの味がメインで特徴的な味はないので、炭酸割りにすると口中がさっぱりし、揚げ物の後でも刺身など繊細な味のつまみが味わえます。

ウイスキーやジンの炭酸割り、酸味の強いスパークリングワイン、日本のラガービールなども天ぷら・から揚げ（塩味・旨味）など濃厚で油分がある料理と好相性。日本酒は（酸味・苦味・甘味）なので、魚介類全般（旨味・塩味）、塩辛などの加工品に合います。

スイーツにはスパークリングワイン（酸味・苦味・甘味）を、チョコレート（甘味・苦味）には赤ワイン（苦味・酸味）を、キウイなどの果物（甘味・酸味）には白ワイン（酸味・苦味・甘味）が最適。

Chapter 2

「調理なし」の激うまちょい足し

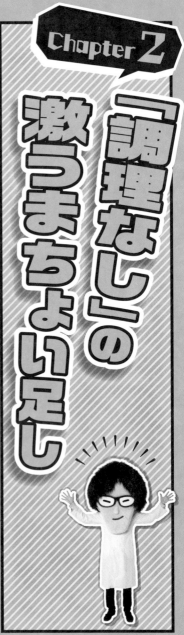

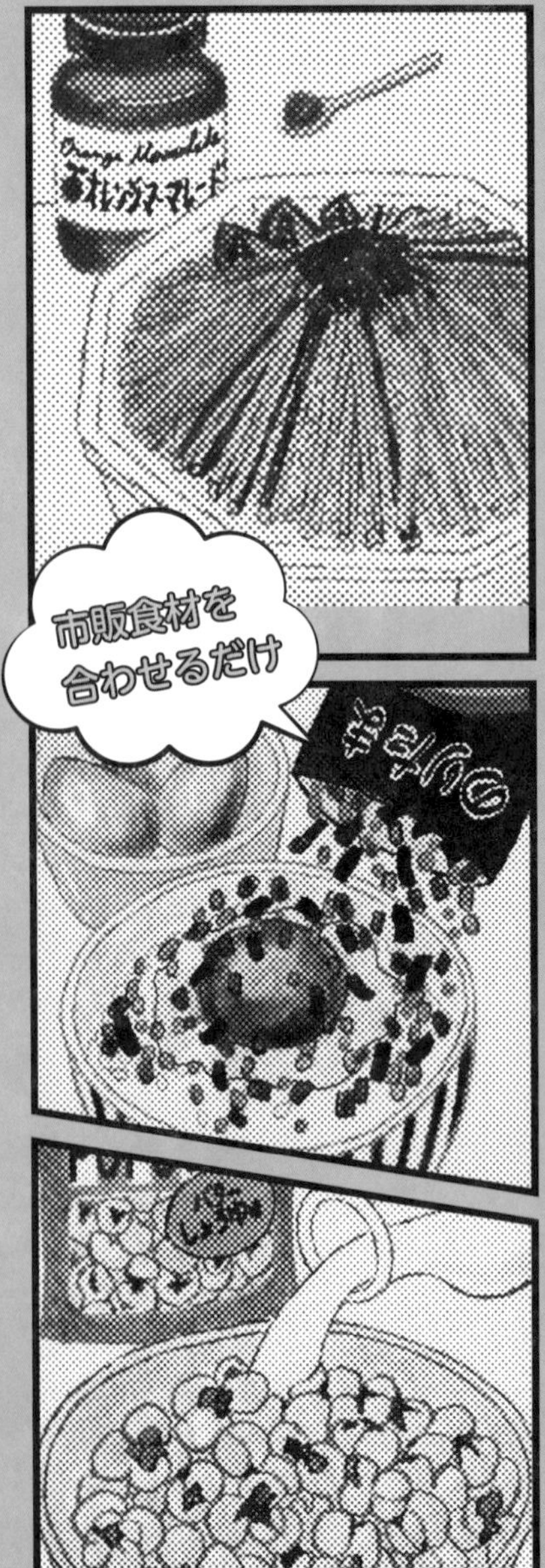
市販食材を
合わせるだけ

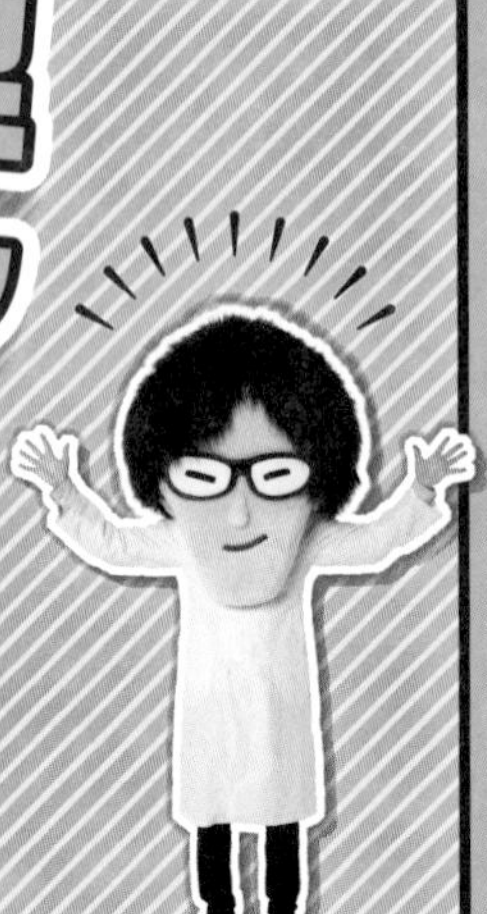

やらなきゃ損する！最強ちょい足し

なぜ？と考え方

食べ慣れた味に、もとの食品にはない味をちょい足しすると、新たな味に出会ったり、味覚を変化させてアップグレードすることができます。スナック菓子やプリン、アイスなどのお菓子は、原材料を意識して使うと優秀な調味料になります。お菓子ならではのサクサク、なめらか、ひんやりなどの食感もプラスされて楽しめます。

コンビニ飯や市販食品は濃く強い味のものが多く、味のバランスを取るには、ちょい足し食材も濃い味のものがちょうどいい。

日本人が好む（旨味・塩味・甘味）や、（塩味・甘味）など王道の味覚に近づけば基本的に失敗はありません。

例えば変わった組み合わせに感じる「バナナ＋シラス」も、味覚データ的には、ご飯にふりかけと同じ考え方で、甘味（ご飯＝バナナ）＋塩味（ふりかけ＝シラス）のイメージです。

1 バナナ＋シラス

口の中で合流しておいしくなる「口内《こうない》（口中《こうちゅう》）調味」という考え方があります。例えば、みそ汁とご飯のように口の中でいっしょになって、噛むことで調味するというものですが、日本人は昔からやってきたことなので、違和感なく受け入れられるはず。粘度が高い食品は口内調味しやすいので、適材のバナナを使います。バナナをひと口かじり、断面にシラスをパラパラかけて、パクリ。意外にもバナナの甘味にシラスの塩味、旨味が加わると、味の相乗効果で甘味が増します。ほどよい分量はバナナ2：シラス1の割り合い。甘味に塩味を加えると甘味が増すのは、スイカに塩をかけるとスイカがより甘く感じるのと同じ。バナナにシラスはやや甘味が強いつまみとして、焼酎の水割りや辛口の日本酒によく合います。

おいしくなるヒミツ

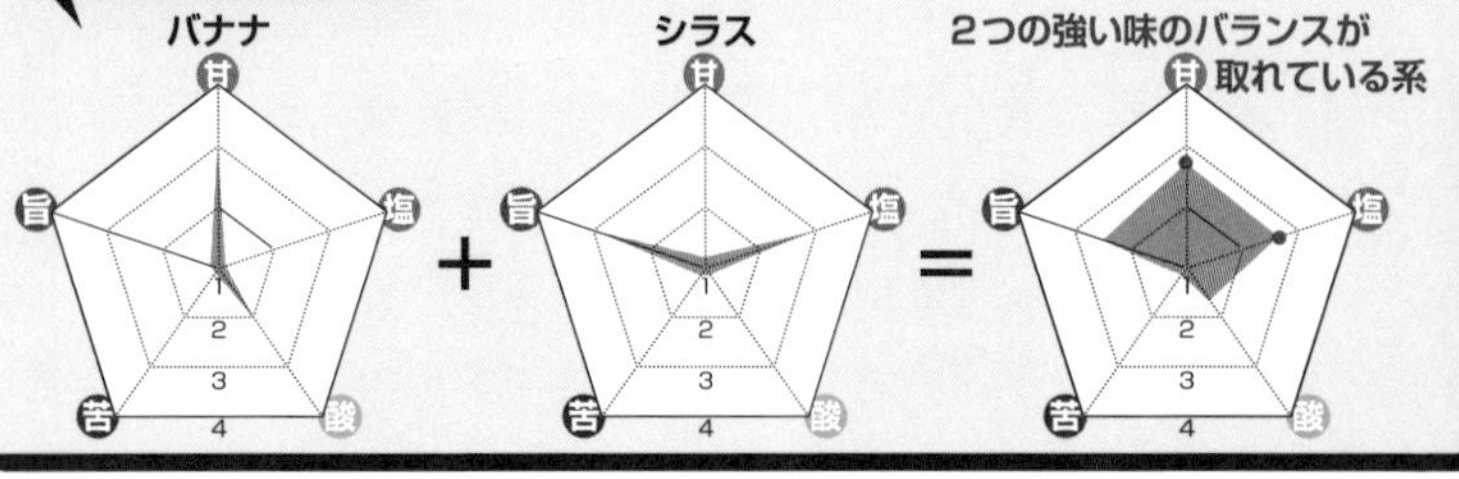

2 スナック菓子＋マヨネーズ

テレビや映画をみながらでもいい、暇な時の遊び心で試してみてほしいのが『かっぱえびせん』などの塩味系スナック菓子5：マヨネーズ1の割合でトッピングし、味の増強を図るというもの。そもそもマヨネーズの材料は卵と油なので、菓子の旨味とコクが一気にアップし、まるでエビフライのような味に変わります。何しろエビ味ですから、なかなかの完成度！

　次におすすめなのは『パイの実』などのチョコレート系スナック菓子4：マヨネーズ1の割合でつけること。これまた不思議、チョコレート菓子の甘味と塩味にマヨネーズの酸味と油が出会うと、まるでパスタのカルボナーラとそっくりな味に。口の中で『パイの実』がサクサク感からクリーミーな食感に変化していきます。

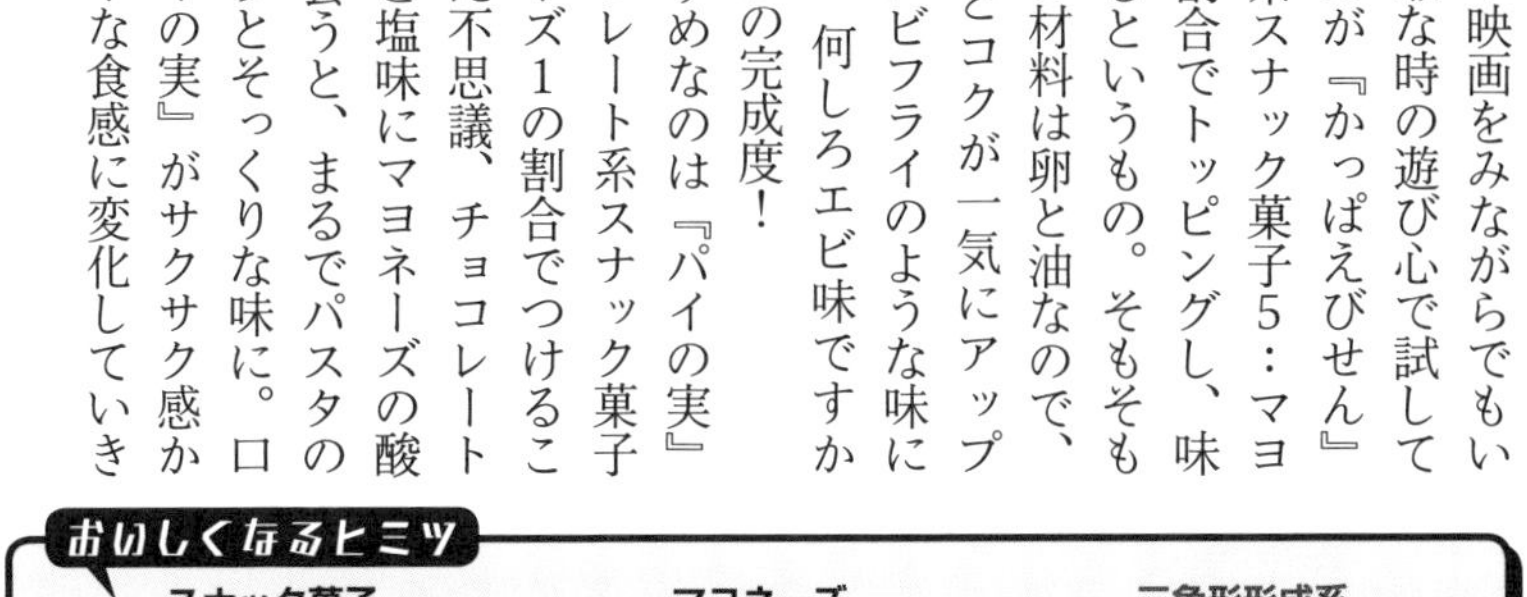

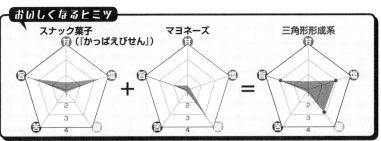

3 フライドポテト＋卵焼き

コンビニで手に入るフライドポテトと卵焼きの味は、どちらも旨味、塩味、甘味の三本柱で構成された似た者同士の味。ただし、フライドポテトは塩味が強めで、卵焼きは旨味が強め。一番強く感じる味覚が異なるものを組み合わせることで、味の奥行きがぐんと広がります。比率は1：1が基本。フライドポテトの代わりは、同様に塩味強めの「塩昆布」や「イカフライ」でもOK。ハイボールやレモンチューハイのつまみによく合います。

ほかにも似た味同士の組み合わせでおいしいのが、旨味と塩味で構成された「チーズ＋生ハム」。ここに例えば梅干しなどの酸味を合わせると、さらに味の深みがアップします。ワインに合わせるなら、赤ワインのピノノワール、白ワインならリースリングに合います。

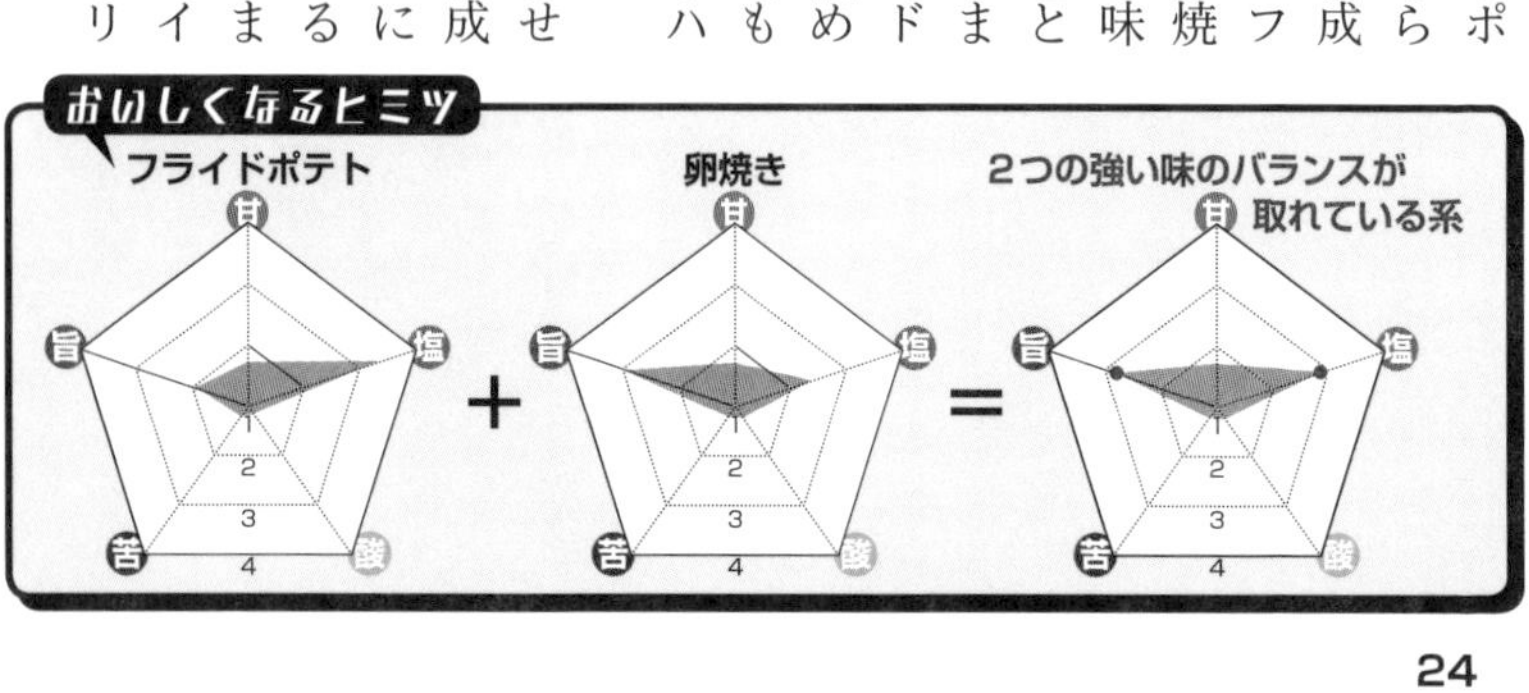

4 いなり寿司＋クリームチーズ

惣菜コーナーの定番メニュー「いなり寿司」。旨味、甘味、塩味、酸味のすべての味覚が存在感ある数値で存在し、コクもある。このようにバランスが良い食品は、どんな食材を合わせても失敗知らず。

オープンサンドのように、いなり寿司の開いた部分にいろいろな食材をトッピングすれば、安定したおいしさになります。

クリームチーズ（旨味・酸味・甘味）をのせれば酸味がまろやかになり、黒コショウをふると味が引き締まってワンランク上の味わいに。焼き鳥（旨味・塩味）の塩味、タレ味をのせてもOK。砕いたイカフライスナック（旨味・塩味）をのせればジャンクな味がクセになります。

酒のつまみにも最適で、ワインやビール、ハイボールやレモンサワーなどにぴったりです。

おいしくなるヒミツ

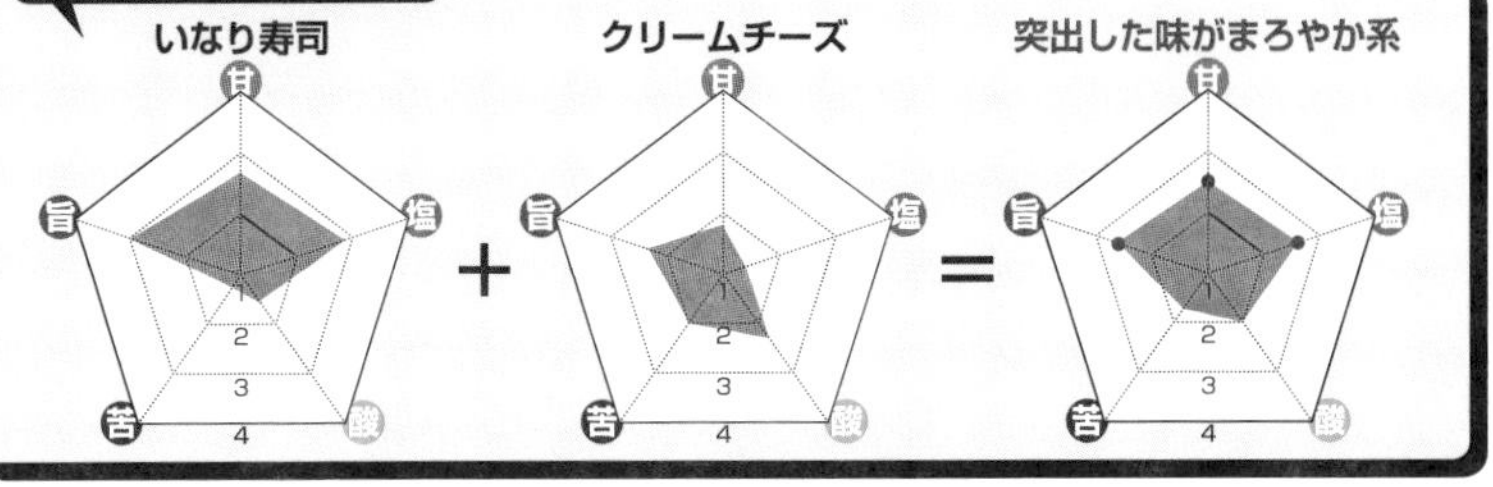

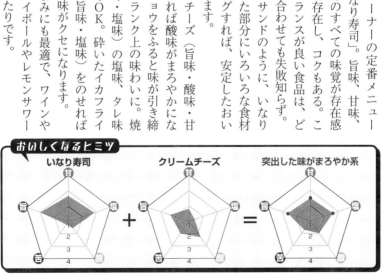

5 ポップコーン+牛乳

塩味のポップコーンを常備しておくとなかなか便利。シリアル代わりにポップコーンを器に盛り、牛乳を適量注げば朝ご飯に。牛乳の甘味とポップコーンの塩味で相性バッチリ。バターじょうゆ味のポップコーンなら、懐かしの甘じょっぱい味に。また、クルトン代わりにコーンポタージュやサラダの上に数粒のせたり、ココアに数粒のせてシナモンをひとふりすれば、塩けと甘みが互いに引き立て合います。

最近流行りのフレーバーポップコーンのシナモン味なら、そのまま入れるだけでOK。

ポップコーンといえば、ビールのお供といった印象ですが、細切れにしたブルーチーズを添えれば、今すぐ赤ワインが飲みたくなる、こじゃれた味のつまみになります。青のりをかければ日本酒にもぴったり。

おいしくなるヒミツ

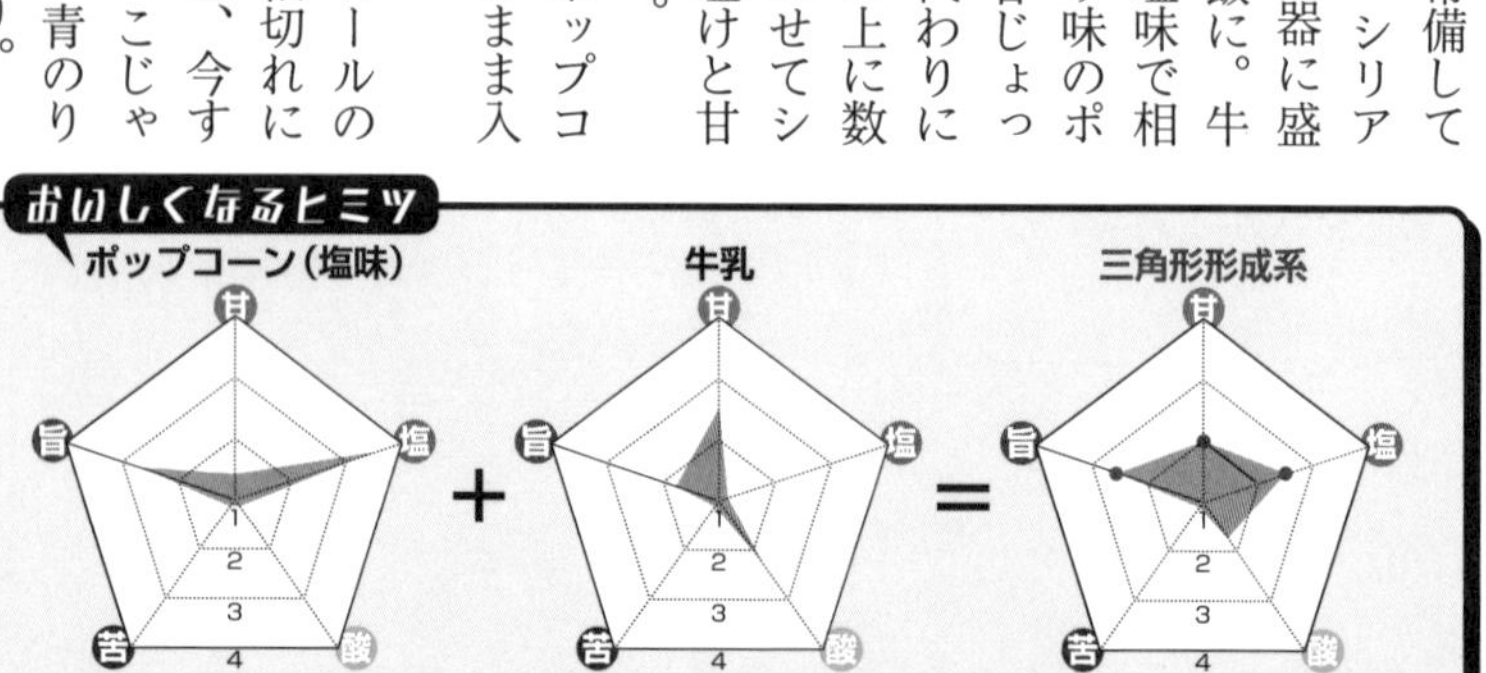

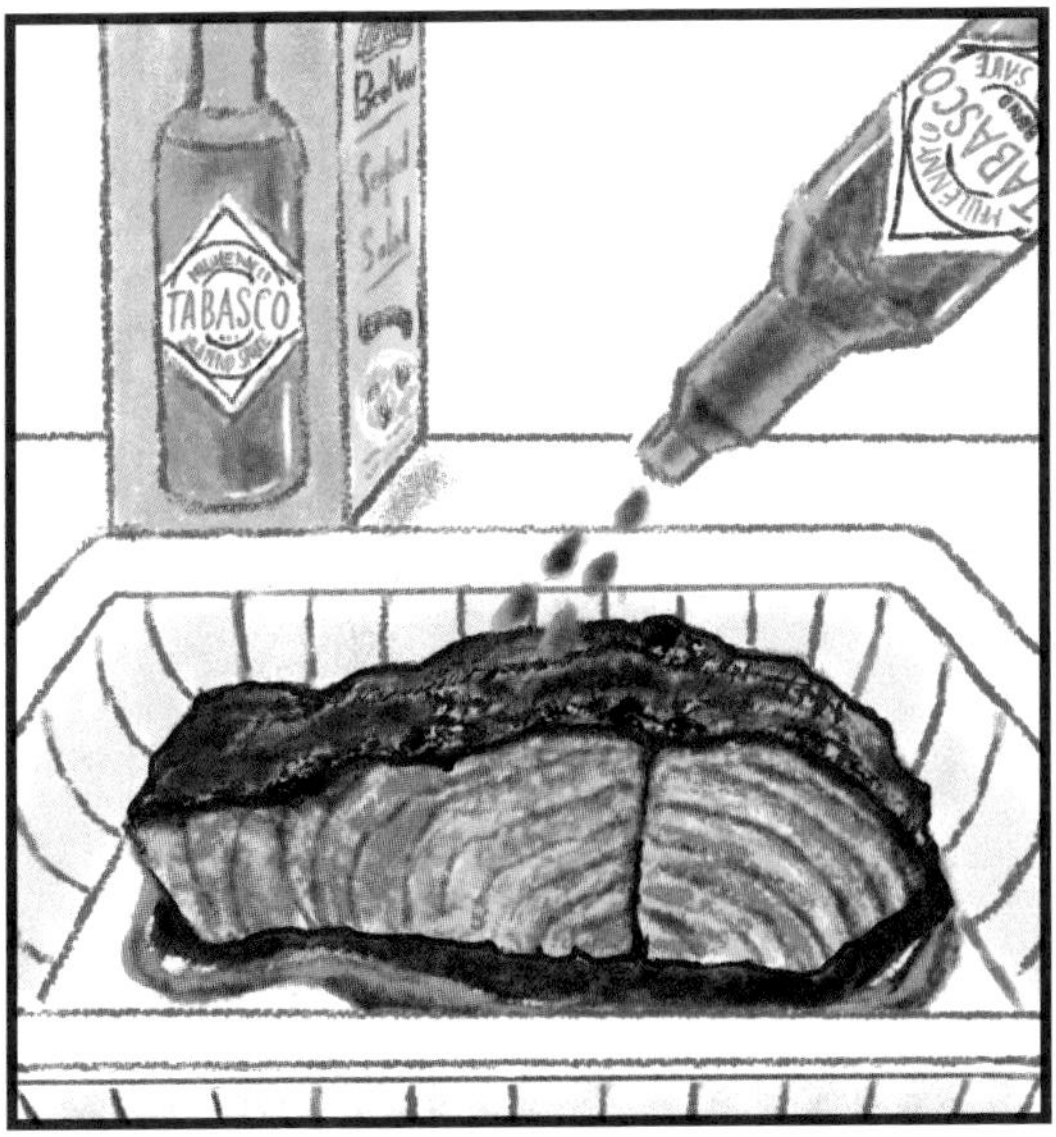

6 和風煮物＋タバスコ

タバスコは唐辛子を塩と酢で発酵させたアメリカ生まれの辛味調味料。サラダやスープ、メイン料理のソースにまで幅広く使われている万能調味料です。日本ではピザやパスタなど、イタリアンに多用されますが、それだけではもったいない！「おでん」にカラシが合うように、和食にタバスコをぜひお試しいただきたい。

マンネリ味になりがちな煮物にふりかけるとタバスコの酸味と辛味で味が締まり、ひと味アップの味変要員に。タバスコには見慣れた赤ラベル以外に緑ラベルがあり、こちらはハラペーニョという唐辛子が原料でマイルドな味。「ブリの照り焼き」など魚料理に合う。また「鶏肉の照り煮」にはワサビを添えたり、「肉じゃが」には粉山椒をふるなど、和風煮物＋刺激物は相性抜群。

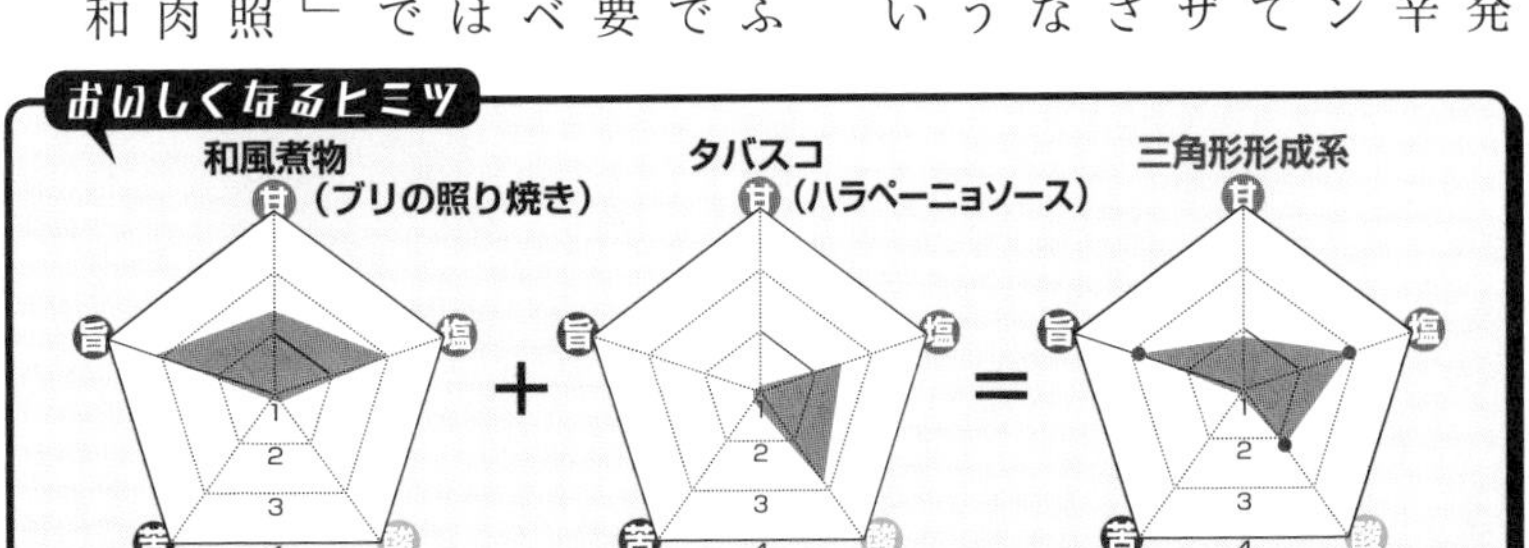

7 カルボナーラ+納豆

パスタの人気メニュー「カルボナーラ」はクリーミー、かつ濃厚さが身上ですが、その味をさらに加速する魔改造アイテムが！ それは納豆。あのネバネバがパスタソースと絡み合い、味のレベルをワンランクアップに。カルボナーラの甘味と、納豆の塩味&少々の苦味が互いの味を邪魔せず、旨味が融合します。発酵食品のチーズと納豆の香りもナイスコンビネーション。コンビニでこの二つを買えば、ランチ戦略は勝利も同然。

「カルボナーラ+納豆」に飽きたらミートソースに納豆をかけるとまた違うおいしさに。グラタンに納豆トッピングもおすすめですが、少し物足りないと感じた時は、おつまみ売り場に直行。クルミを買って砕いてトッピングするとコクが増し、これまたワンランクアップの味。

おいしくなるヒミツ

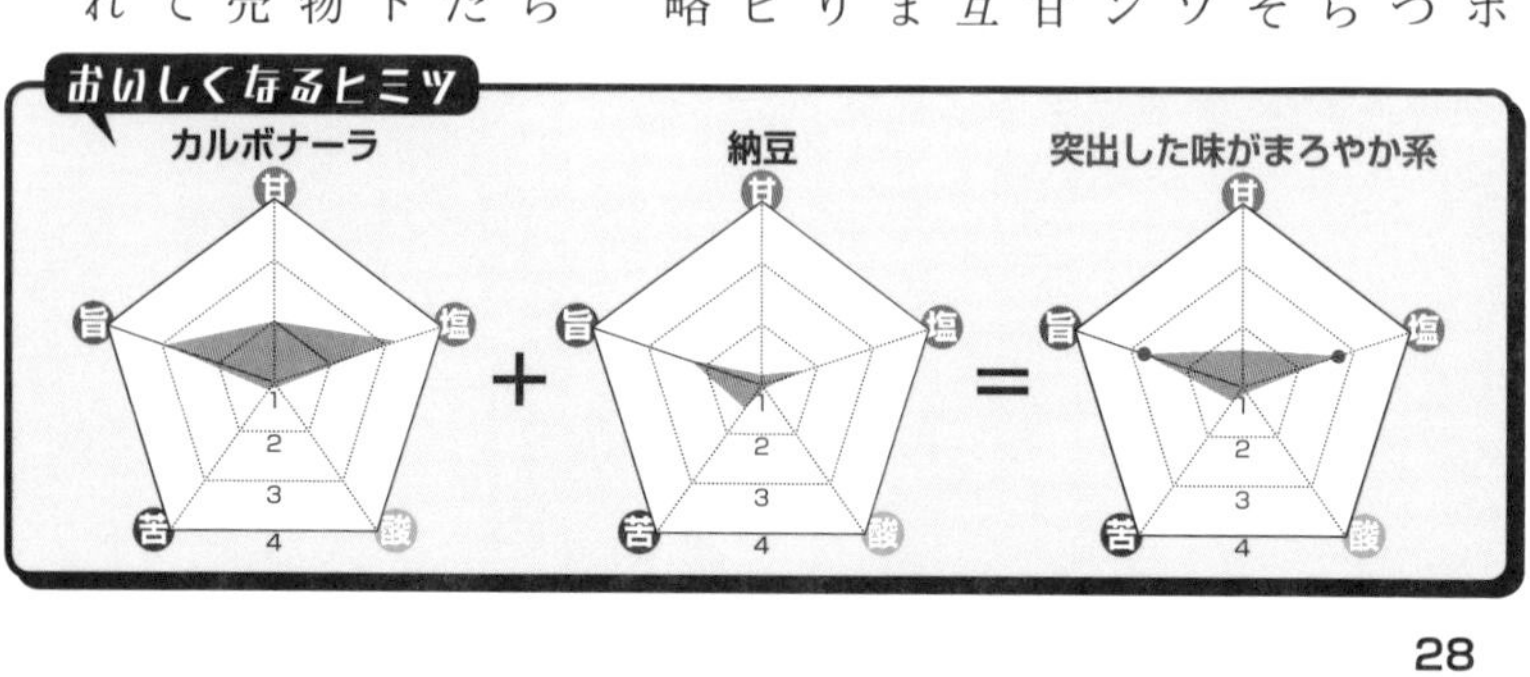

8 かぼちゃの煮物＋プリン（生クリーム）

コンビニ惣菜の定番「かぼちゃの煮物」は1年中ありますが、秋は限定パンプキンスイーツが勢揃い。天然の甘味が人気で、用途を選ばない万能野菜です。

おかずとスイーツの垣根を取り除けば、今まで出会ったことのない新感覚の味に出会えます。

「かぼちゃの煮物」に生クリームがのったプリンをトッピング。フォークでつぶしてクリーム状になるまで混ぜ、さらにバニラアイスを混ぜると、即席かぼちゃアイスのでき上がり。これに、さっぱりとした飲み口のダージリン紅茶を合わせると、そこはもう豊かなティータイム。

「かぼちゃの煮物」がない時は、市販の「さつま芋の甘煮」をフォークでよくつぶし、バターを適量混ぜて温めれば即席和風スイートポテトのできあがり。

おいしくなるヒミツ

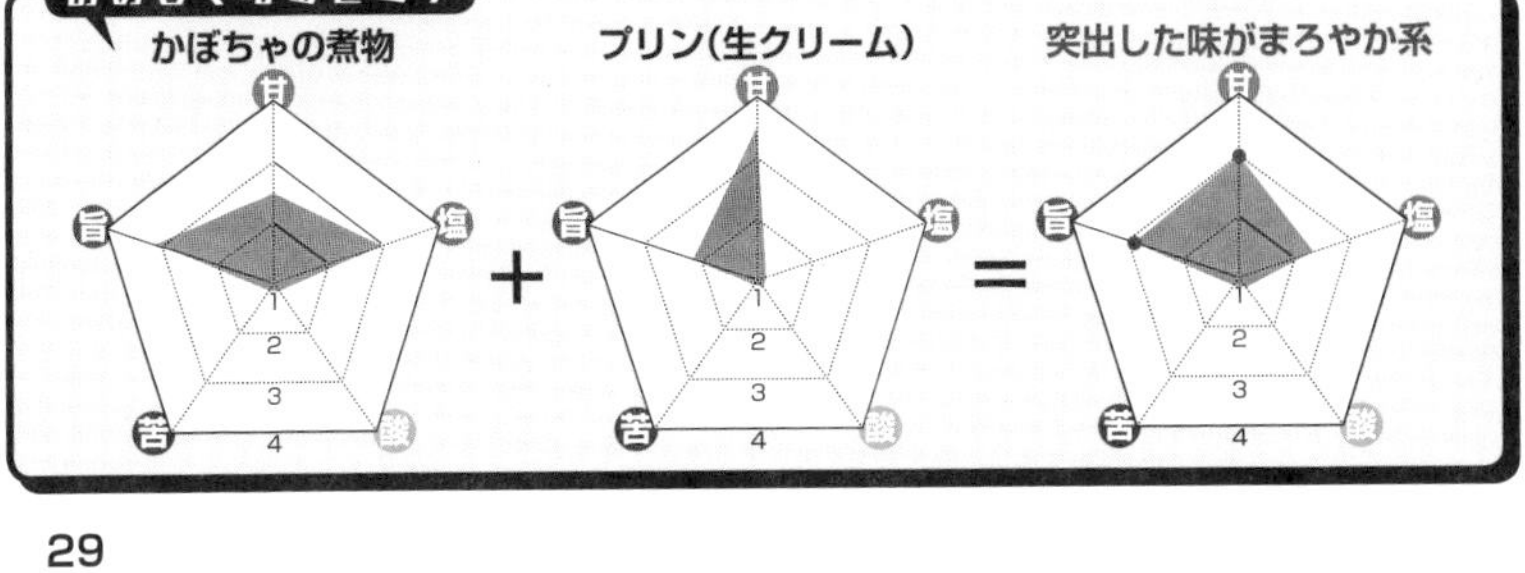

9 カップ麺+酢

こってり濃厚なカップラーメンが全部食べきれない。こう思った時は酢のご用意を。「鶏のから揚げ」にレモンをかけるのと同様、さっぱりとした風味が油っこさを軽減し、酸味で唾液や胃液の分泌が促され、胃もたれを防ぐ効果も期待できます。さらにゴマ油をたらせば酸《サン》辣湯《ラータン》のような味わいに。酢+キムチのトッピングもおすすめです。

シーフードのカップラーメンにはポン酢を入れるとコクがアップ。塩ラーメンには梅肉を少量入れると爽やかに。激辛系ラーメンは黒酢を入れると中華風になります。

その他のインスタント麺もアレンジいろいろ。カレーうどんには酢を少々加えればまろやかな味になり、焼きそばにはバルサミコ酢をかけるとコクが増します。春雨カップスープにはりんご酢が合います。

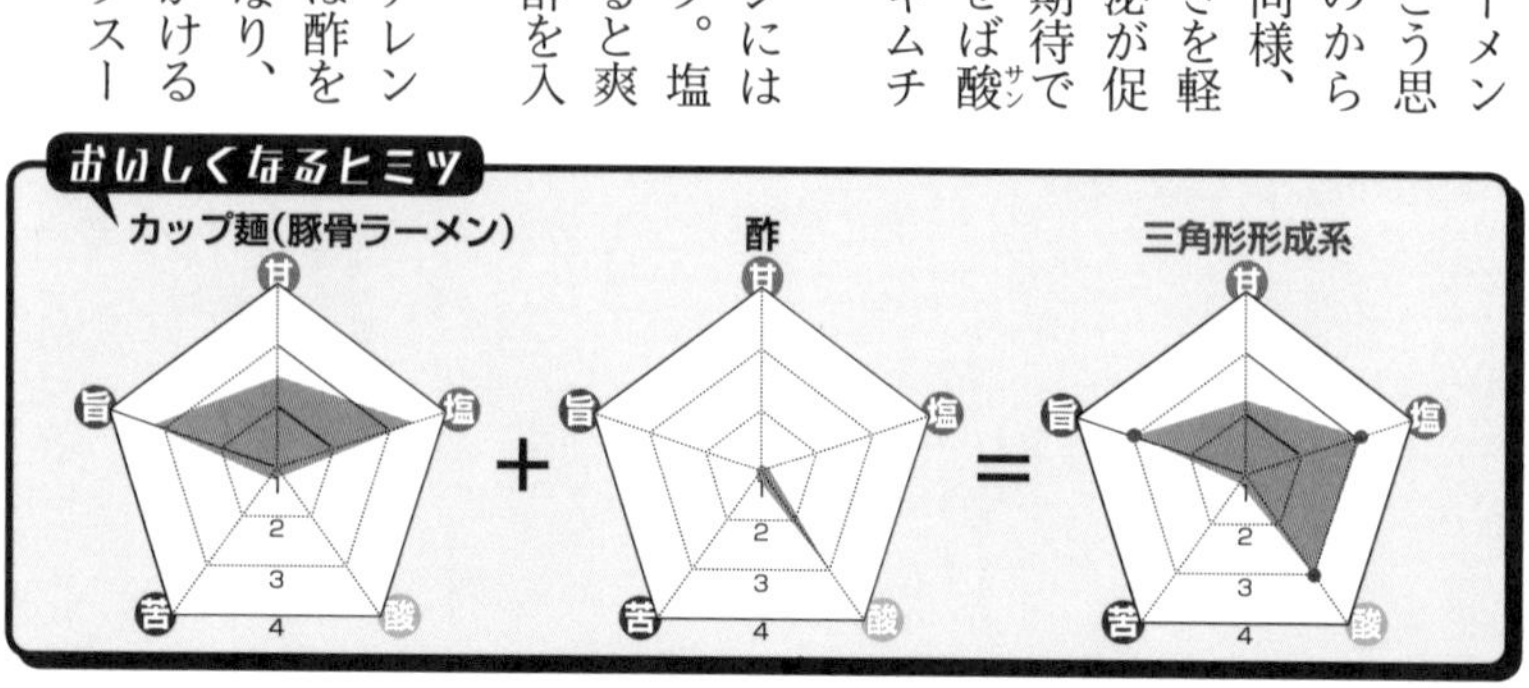

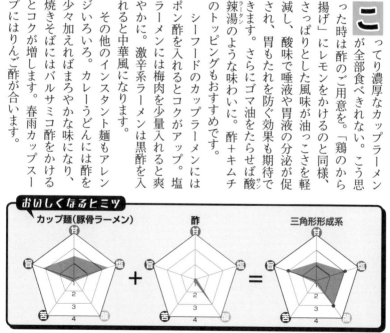

10

みそ＋チョコ

みんな大好きチョコレートと、日本人の味覚のふるさと、みそ。2点は決して交わらないようでいて、実は過去何度もコラボレーションしています。某有名ショコラティエがみそを隠し味にしたチョコを作ったり、某有名ラーメン店はチョコメーカーとコラボしてみそチョコラーメンを作りました。みそをチョコケーキに入れるレシピもたくさんあります。カレーにチョコレートを入れるのと同様、みそラーメンにもミルクチョコを1かけ入れると、甘味と苦味の参入でコクがアップ。

　みそ汁にも、おろし金で削ったブラックチョコをパラリとかければ味が締まります。ただ、チョコレートもみそ汁も味をしっかり覚えている身近な存在なので、味が分離して感じる場合もあります。最初はほんの少しからお試しを。

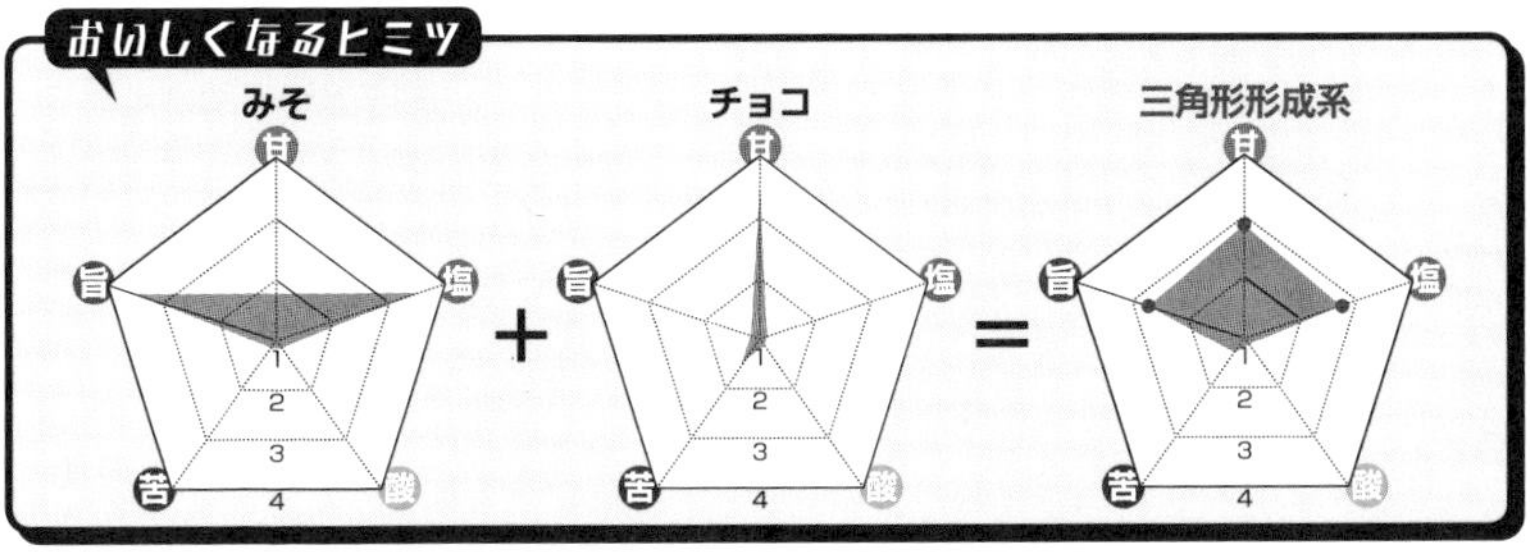

11 揚げ物＋ジャム

揚げ物の味の多くは、（旨味・塩味）で構成され、ジャムは甘味とほのかな酸味が基本。２つが合流すると甘味、旨味に塩味や酸味も足されて理想の味になります。

揚げ物もジャムも各種ありますが、味の濃い揚げ物には味の濃いジャムを。味がマイルドな揚げ物にはマイルドな味のジャムを、という具合に、味の強弱を合わせると失敗しません。

オーストリアにはカツレツにジャムを添える「ウインナーシュニッツェル」という伝統料理があり、まさに先人の知恵。

日本では、から揚げにホロ苦のマーマレードジャムや、酸味強めのブルーベリージャムでお試しを。コロッケにはパイナップルやアプリコット味が合います。揚げ物のソースにりんごジャムを加えるのもおすすめ。

おいしくなるヒミツ

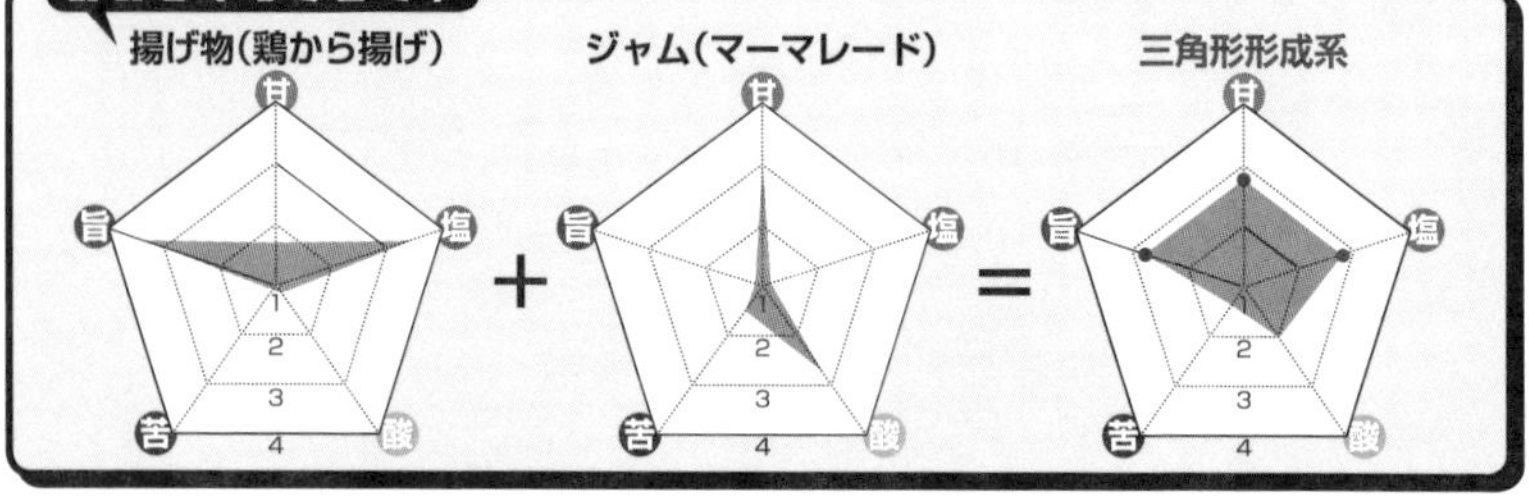

12

カレー+『ピノ』

カレーの隠し味といえばりんごとハチミツ。いいえ、そこで立ち止まっていてはもったいない。カレーの懐はとても深い！　意外な隠し味をどんどん試してみましょう。まず、いち押しはアイスの『ピノ』。カレーライスの上にプレーン味1個をトッピングし、溶かしながら食べます。チョコの苦味と、バニラアイスの甘味とクリーミーさでカレーのコクが増し、辛さもマイルドに。また、抹茶味の『ピノ』も抹茶の苦味がアクセントになってこれまたおいしい。グリーンカレーにはココナッツの代わりに、『ピノ』ではなくバニラアイスのトッピングも一興。

ヨーグルトや薄切りバナナ、細かく砕いたナッツなどを足していくと、まるでパフェ！　カレーは遊び心もくすぐります。少々冷めるので猫舌の方にも喜ばれそう。

おいしくなるヒミツ

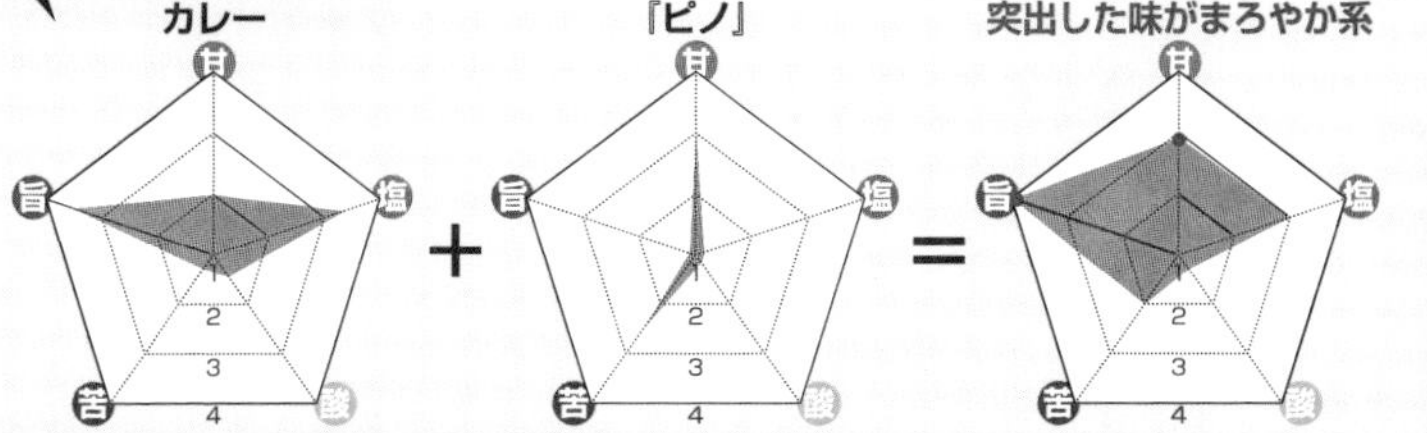

13 フライドポテト＋あんこ

「フライドポテト＋バニラアイス」や、「ポテトチップス＋チョココーティング」のように、（塩味・甘味）の甘じょっぱいコンビは、永遠に食べ続けてしまう悪魔の味覚。でも、ご存知ですか？　アメリカンなフライドポテトに、和のあんこを合わせるのが実は最高なんです。あんこは、こしあん・粒あん、どちらでもお好みでOK。フライドポテトはできれば少し太めなタイプをご用意いただくとベスト。フライドポテト2：あんこ1の割り合いで召し上がれ。甘じょっぱくしたいからと、ポテトに塩のかけすぎはバランスが崩れるのでNGです。

　フライドポテトがない場合は、薄塩味の厚切りポテトチップスでも代用可能。ちなみに、『じゃがりこ』のサラダ味にチョコアイスを合わせても絶妙なおいしさです。

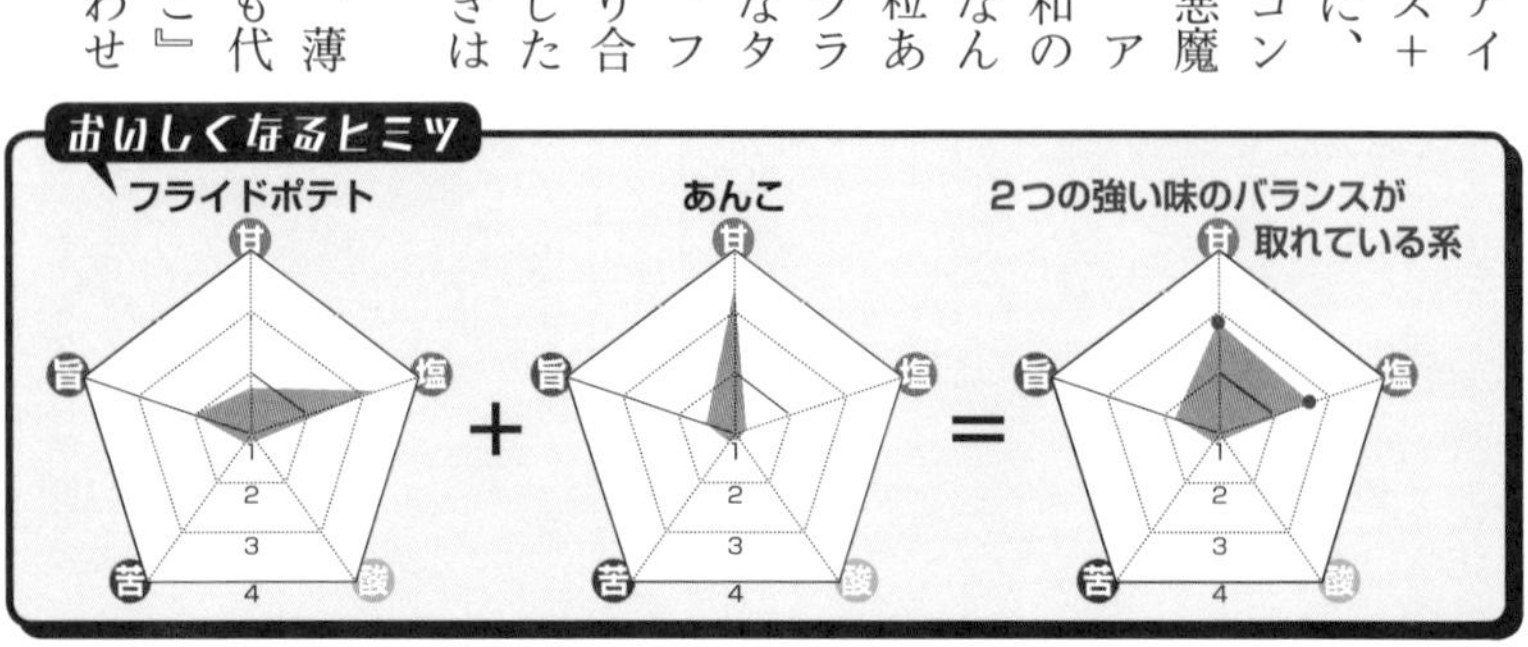

インスタントコーヒー＋炭酸水

14

コーヒーに炭酸水を混ぜると、味も見た目もビールになります。まずは実験！　ジョッキにティースプーン1杯のインスタントコーヒーを入れ、30㎖ほどの熱湯で溶いて冷蔵庫へ。この時のコーヒーの分量は、通常の5倍くらいの濃度になるように。コーヒーが冷えたら、キンキンに冷やしておいた無糖の炭酸水を150㎖ほど注ぎます。この時、ビールを注ぐ場合と同様、泡が落ち着いてから次の炭酸水を注ぐのがコツ。すると！「ほとんどビール」のでき上がり！　コーヒーの酸味と苦味＋炭酸で、味は黒ビールそっくり。友達や家族に新製品のノンアルコールビール、とすすめても面白い。ビールでないとバレても材料は何？　とゲームが始まります。せっかくのビールが台無しになるので、くれぐれも氷は入れないこと。

おいしくなるヒミツ

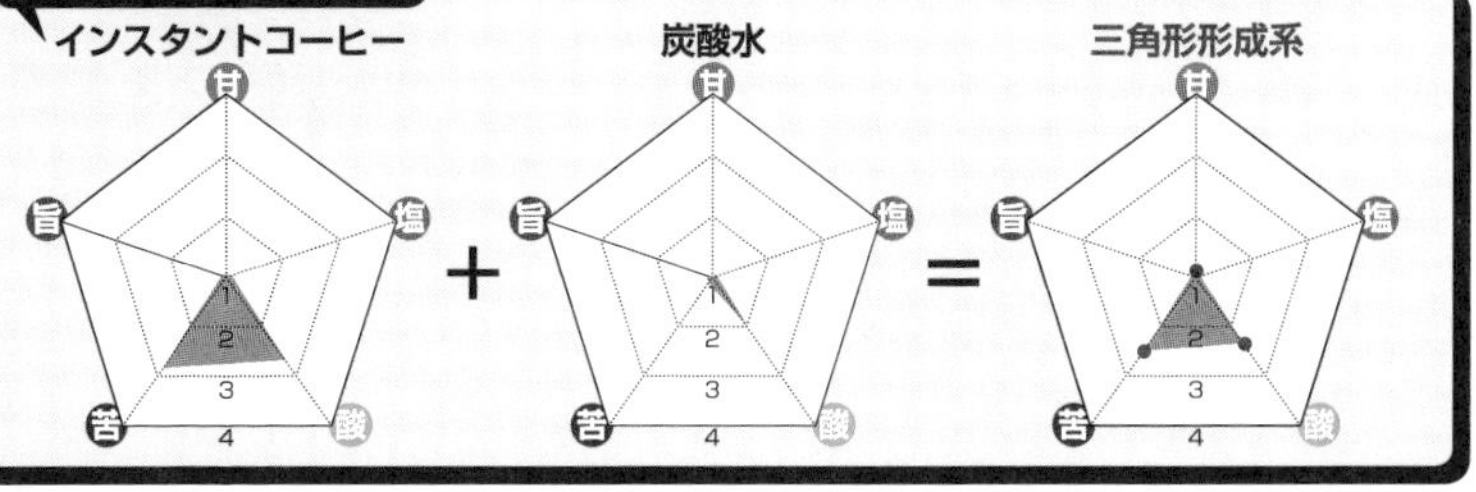

15

白あえ＋生クリーム

家で「白あえ」を作った時の失敗で多いのは、豆腐の水けが残ってべちゃべちゃになること。大ざっぱなレシピは、木綿豆腐の水けをきってなめらかにつぶし、みそ、砂糖、練りゴマを混ぜたあえ衣で、ゆでた具材とあえる流れ。しかし、豆腐の水きり加減が、なかなかつかみづらい。そこでお惣菜コーナーで白あえを購入。という方も多いのでは？　でもこんどは逆にパサついてボソボソの食感だったなんてことがあって悩ましい。そんな時におすすめなのが、コーヒー用生クリームを1個かけること。白あえの塩味と強い旨味にフィットして、コクが増してまろやかな味わいに。生クリームがないときは、クリームチーズや溶かしたバニラアイス1さじを加えてもOK。もちろん生クリームでもOKです。

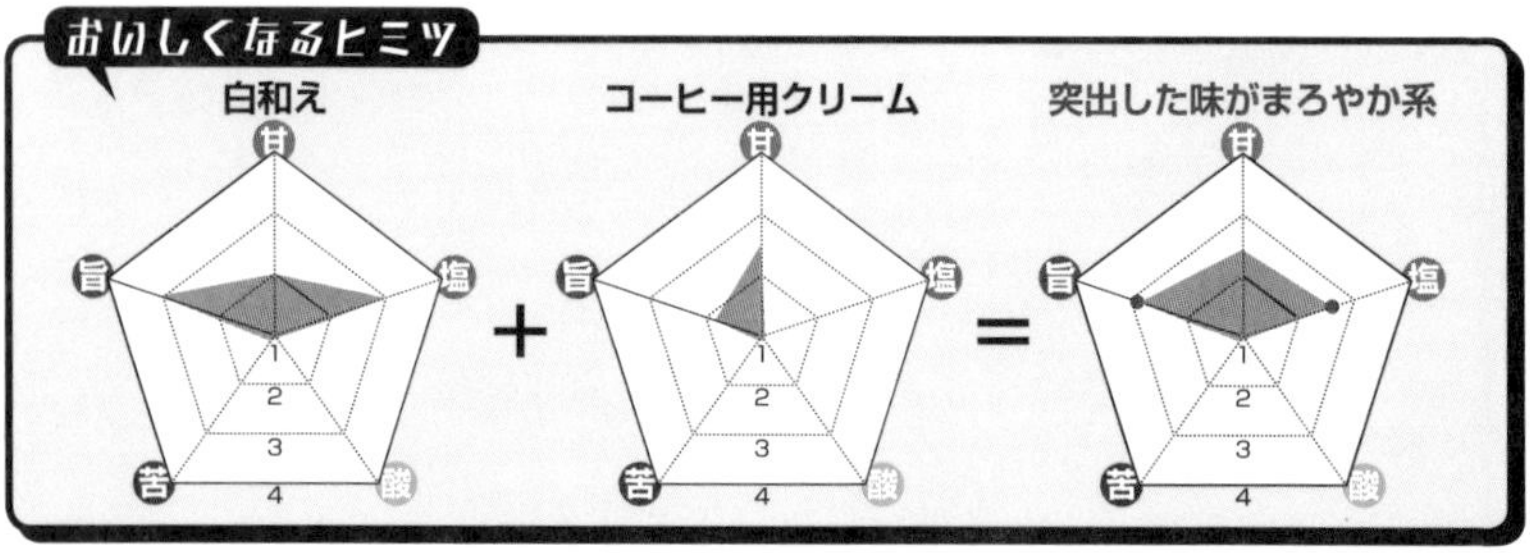

16

緑茶＋チーズ

突然ですが問題です。ワインと緑茶の共通点は？　答えは、どちらも渋み成分のタンニンを含んでいます。このタンニンによく合うのがチーズ。チーズがタンニンの渋みを抑えてマイルドな味になります。そこで緑茶とチーズの新たなマリアージュの提案を。

渋みも旨味も濃い抹茶なら、濃厚なカマンベールやゴーダなどを。軽めの煎茶にはクセの少ないプロセスチーズを。香ばしいほうじ茶には風味のよいハードタイプのパルミジャーノやエメンタールなどを合わせます。緑茶とチーズの旨味相乗効果で味のバランスが絶妙です。

また、紅茶とチーズもいいコンビ。渋みの強い紅茶には青カビタイプのゴルゴンゾーラなどを。フレッシュタイプのカッテージチーズはどの紅茶にも合います。

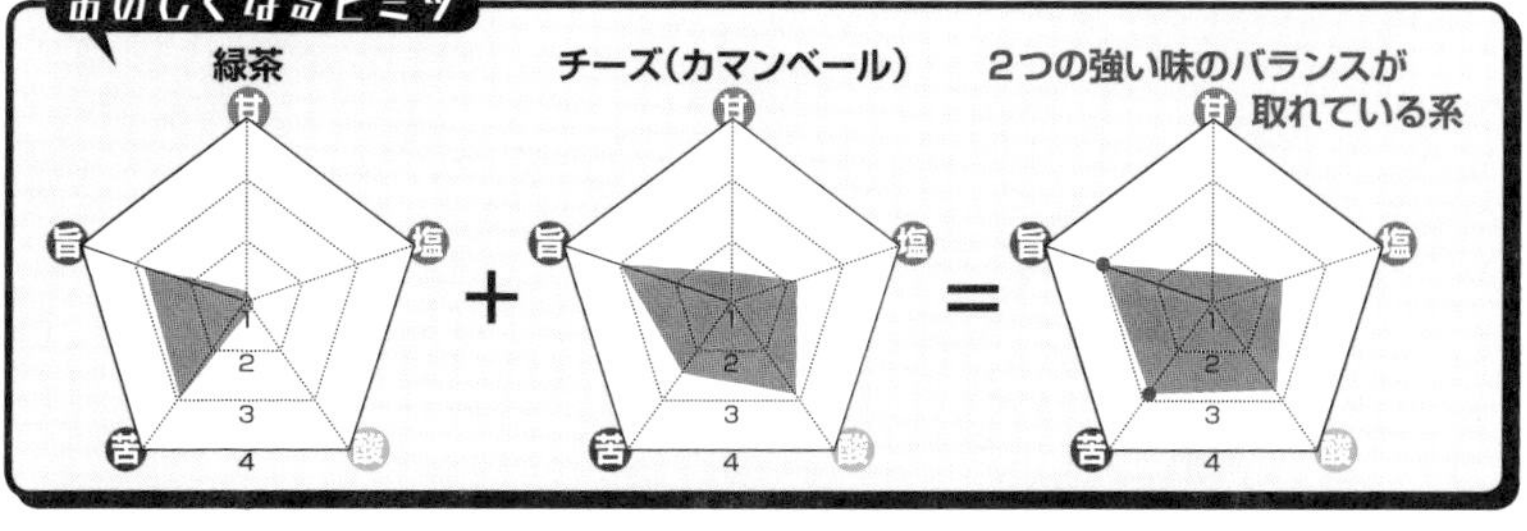

17

冷やし中華＋マーマレード

蒸し暑い夏、コンビニでついつい選んでしまうのが冷やし中華。気づけば2日前も食べたっけ？　なんてこともありで、たまには味を変えてみてはいかがでしょう。そんな時は、これもまたコンビニで簡単入手のマーマレードのちょい足しを。この足し算、意外なようですが、正解。冷やし中華のさっぱりした酢醤油味に、マーマレードの甘味、酸味が重なり、独特のホロ苦さがアクセントになってリピートしたくなる味わいに。分量は冷やし中華1皿にマーマレード小さじ2が目安。容器の端にマーマレードを添えて、少しずつ混ぜて食べれば味の変化も楽しめます。用意できるならオレンジを少し絞って加えると、よりさっぱり味に。ゴマダレ派なら、ゴマダレ2に酢じょうゆ1の割合で混ぜたタレもおすすめ。

おいしくなるヒミツ

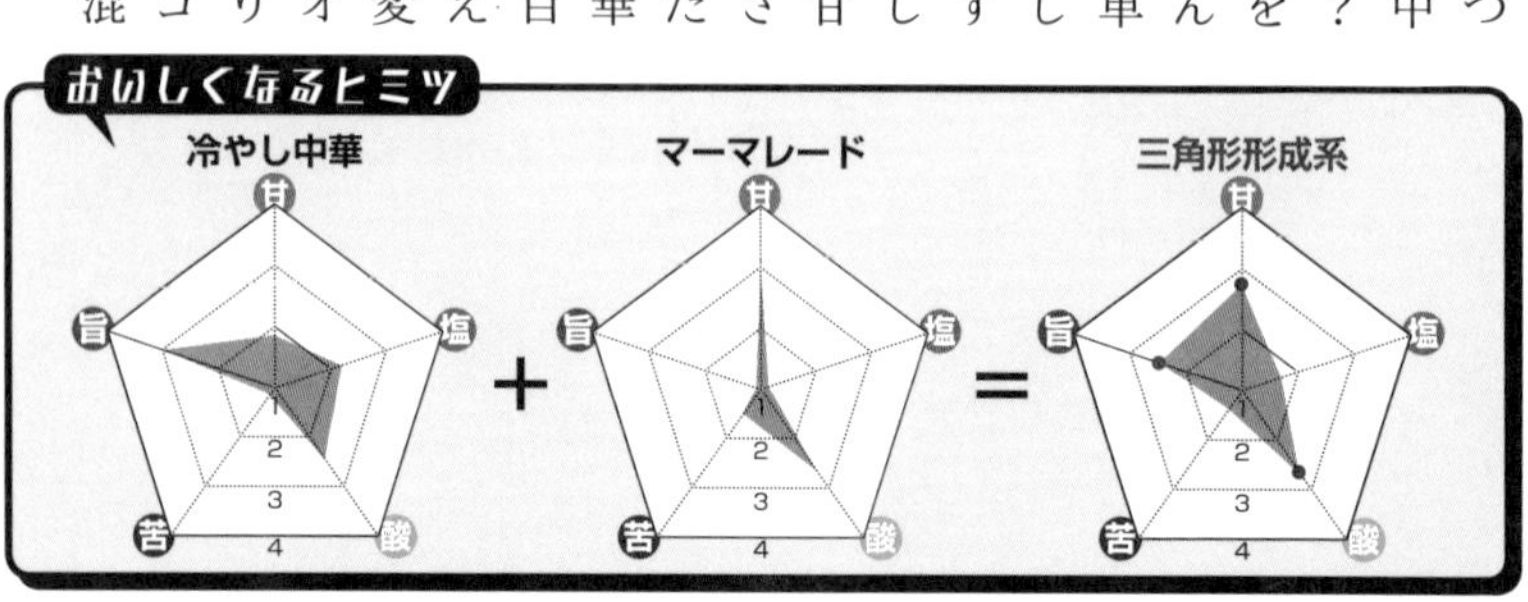

18 マカロニサラダ+バニラアイス

マカロニサラダ、お好きですか？ 学校給食の人気メニューだったり、弁当のおかずの常連だったりと、懐かしい気分を呼び起こす料理です。ところでこのサラダ、作って時間が経つとボソボソの口当たりになってがっかり、なんてことも。そこでプラスワンテクニックを。バニラアイスを溶かして混ぜるのです。分量はマカロニサラダ100gに対しバニラアイス小さじ1を溶かして混ぜるだけ。サラダの塩けと酸味にアイスの甘さが溶け合い、生クリームを加えたようなクリーミーでまろやかな味に変身します。また、具材にハムを加えると、ハムの旨味と塩味も足し算されて味が締まります。同じテクニックでポテトサラダやオムレツにもアイスを1さじ混ぜると、クリーミーでコクのある仕上がりになります。

おいしくなるヒミツ

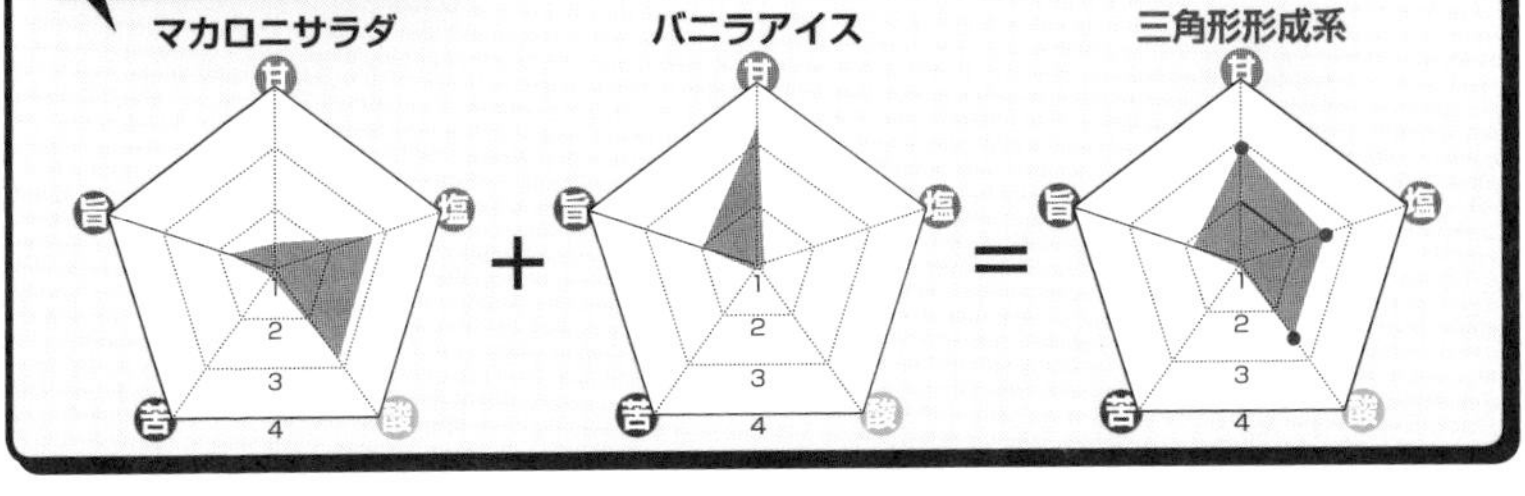

19

ゴマ塩＋ココア

テレビを見ていると、ゴマに含まれるセサミンや、カカオに含まれるポリフェノールが体にいい！　などとやっていますが、わざわざ高価なサプリを買わなくても、家にあるココアとゴマ塩でおいしく栄養補給ができちゃいます。作り方は簡単。カップに加糖タイプのココア大さじ2を入れ、熱湯と豆乳各100㎖で溶き、ゴマ塩小さじ½〜1をふりかけるだけ。ゴマ塩の塩分がココアの甘みを引き出してコクが増し、ゴマのプチプチ食感も新感覚で楽しい！　また、フォームミルク（泡状のミルク）を入れてゴマ塩をのせれば、見た目も可愛いカフェメニュー風のおしゃれドリンクに。

　寒い日はココアにバターを1かけ入れると味が濃厚になり、足首やつま先の冷え解消に効果的と言われ、こちらもおすすめです。

おいしくなるヒミツ

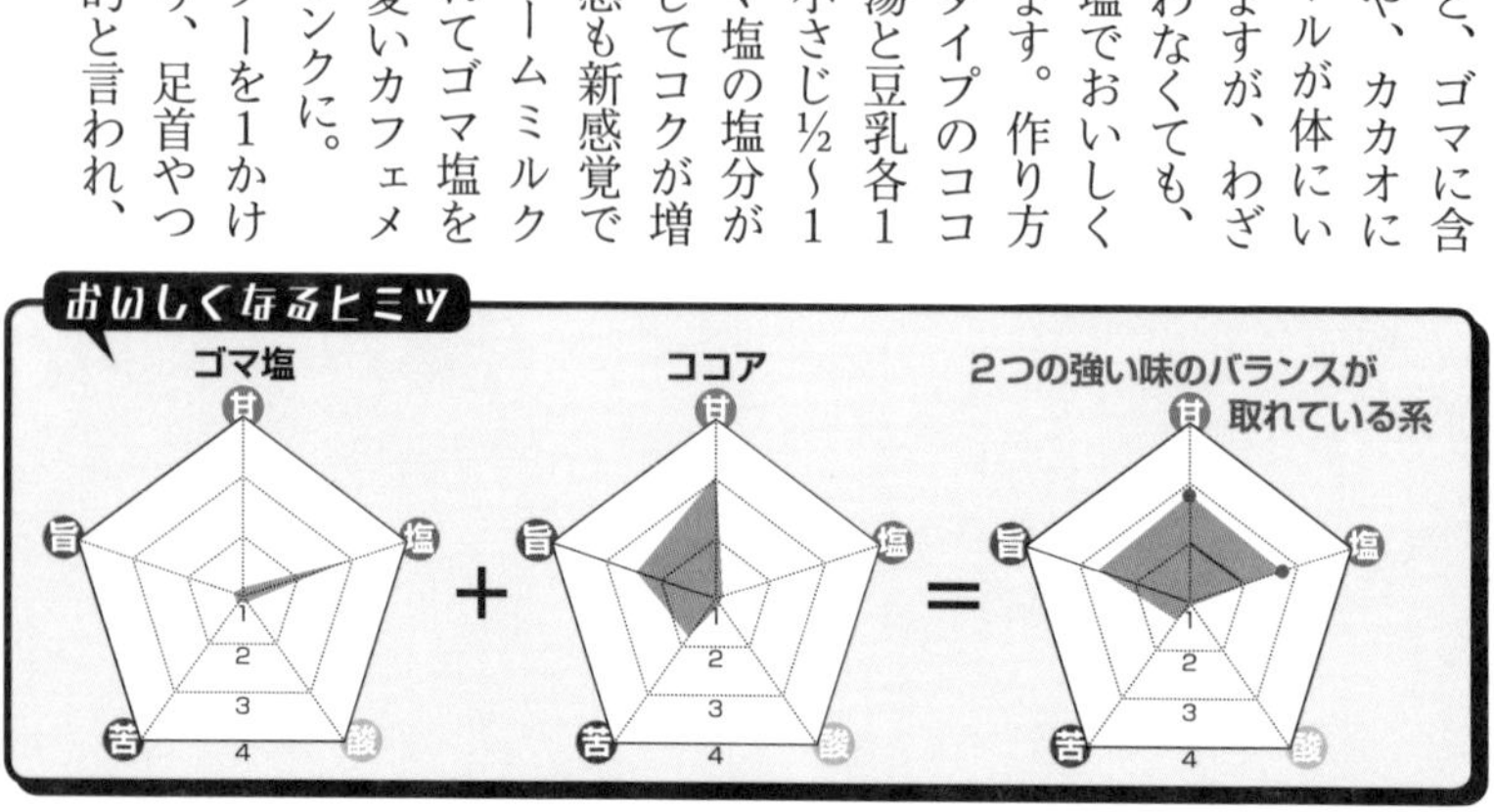

20 野菜ジュース＋豆乳

野菜不足を感じた時や、手軽に栄養補給をしたい時は野菜ジュースが最適ですが、青野菜中心のジュースは少々飲みづらい。そこでおすすめなのがフルーツ入り野菜ジュースの豆乳割り。ジュース１：無調整豆乳１の割合で混ぜると甘味と酸味、豆乳の旨味とコクで調和のとれた味になります。野菜ジュースにはビタミン、ミネラルが含まれ、豆乳には記憶力アップに効果的なレシチンや、女性ホルモンのバランスを整えるイソフラボンが含まれているので、合わせて飲むことで一石二鳥。

最もお手軽なのは、コンビニなどで手に入る２００㎖入り紙パックを１個ずつ買ってストローをさし、２本同時に吸って飲む方法。フローズンスタイルのカクテルによく見られる飲み方ですが、あえて野菜豆乳ジュースでお試しください。

おいしくなるヒミツ

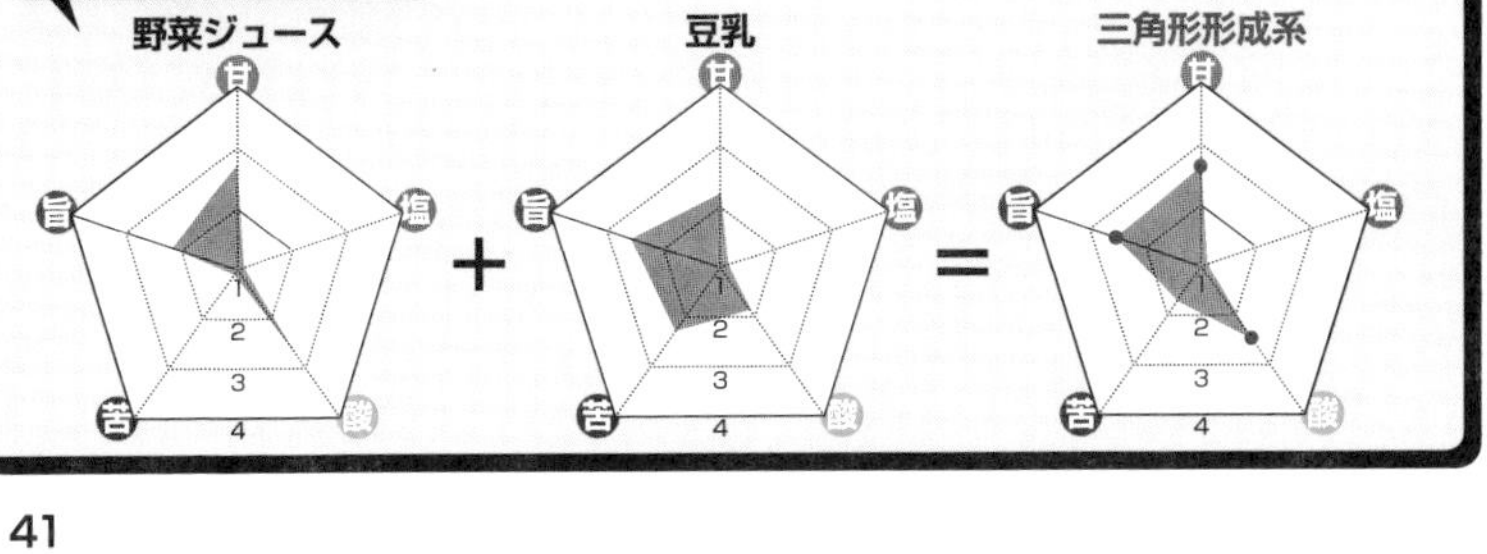

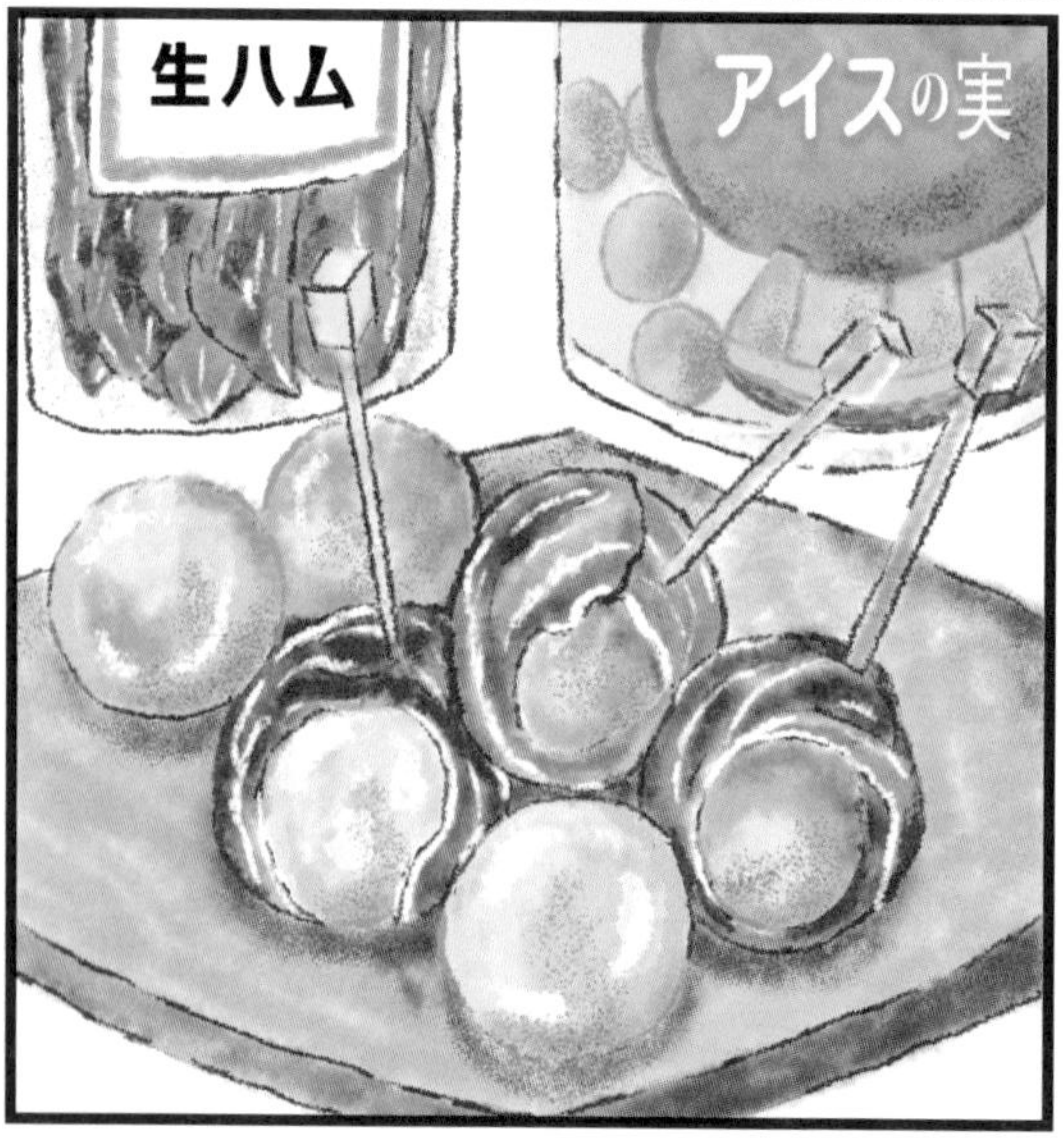

21 生ハム+『アイスの実』

イタリアやスペインのオードブルの定番は「生ハムメロン」。発祥地イタリアのメロンは甘みが少なく、野菜に近い味の青臭みを消すために昔、メロン農家のママが特産品の生ハムと合わせてみたら、これが大ヒットしたのだとか。

メロンの淡い甘さが生ハムの塩けで引き出されてしっかりとした甘さになり、生ハムの強めの塩味も緩和されていい塩梅になったという次第。

一方、日本のメロンは世界一の甘さを誇る逸品。生ハムとは絶妙のコンビですが、何しろ高値。そこでお手頃値段で楽しむ変則技です。生ハムを半分に切って『アイスの実』に巻いて食べるというもの。ハムの塩けに甘いアイスの取り合わせは、この味見つけた！　級の発見。メロンや桃味がおすすめですが、バニラやマンゴー味でもイケます。

おいしくなるヒミツ

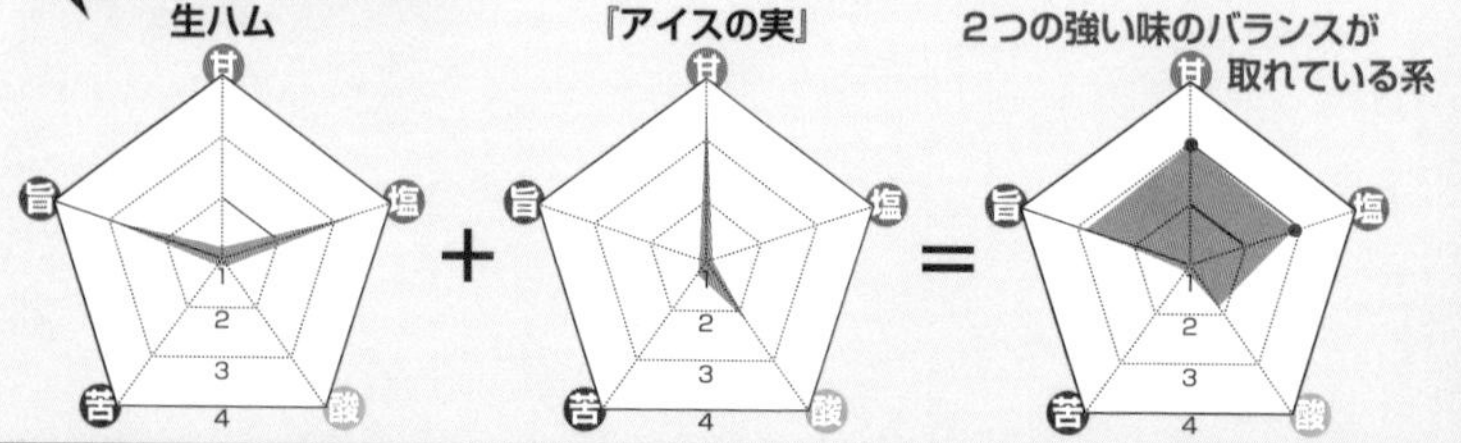

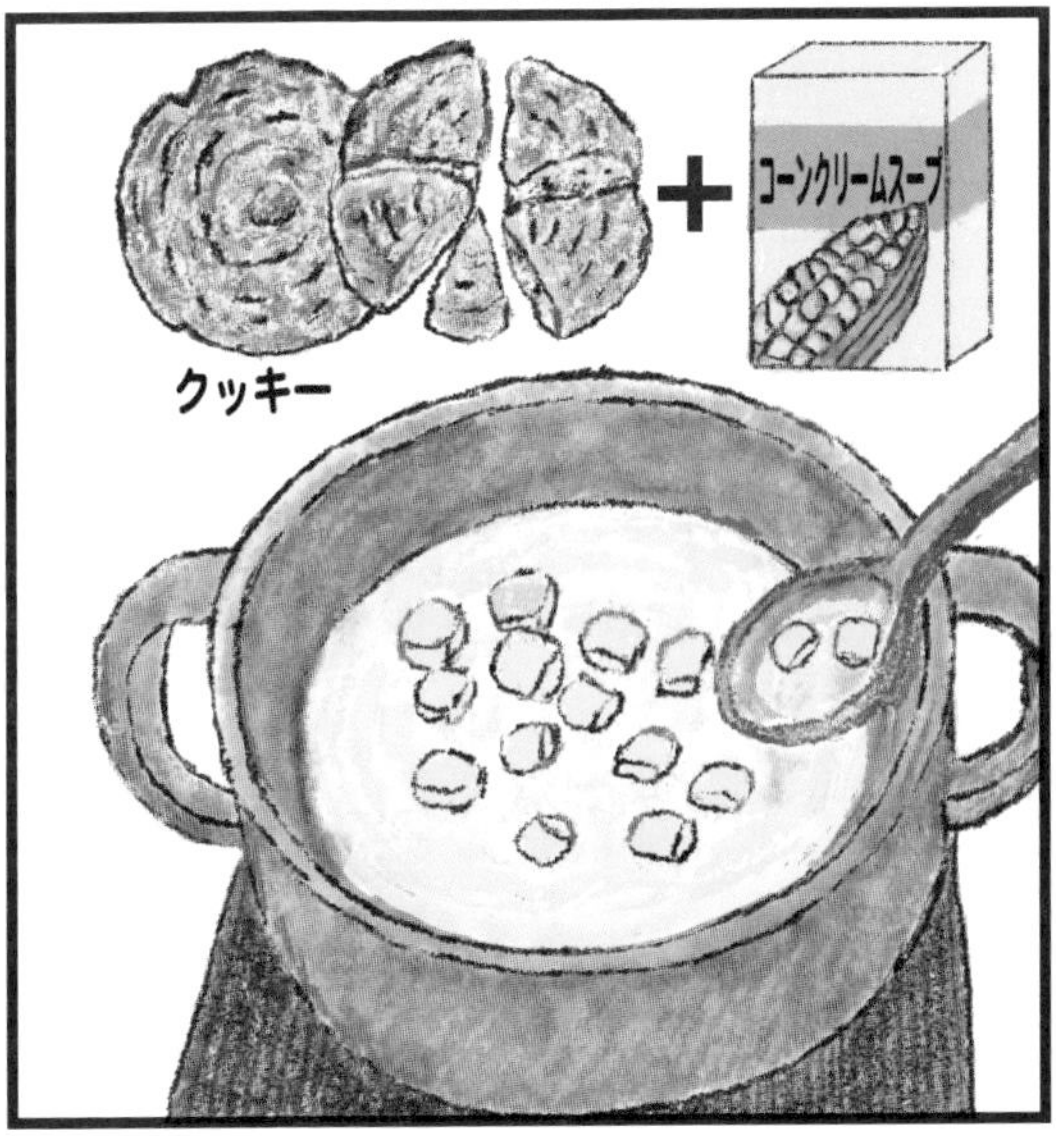

22 コーンクリームスープ＋バタークッキー

朝食や小腹が空いたとき、お湯を注ぐだけですぐ飲めるカップスープはとても便利。もう少しボリュームが欲しい時はクッキーに頼りましょう。まずは定番のコーンクリームスープ1袋と、細かく砕いたバタークッキー1枚をカップに入れ、分量の湯を注ぎ、混ぜて溶かして飲んでみて。クッキーの甘みとコクが加わり、リッチな味に格上げです。もともとクリームスープのベースはホワイトソースで小麦粉、牛乳、バターが原材料。バタークッキーもバター、小麦粉を原材料に使うので、形は違えど似たもの同士、相性がいいのです。

ほかにも酸味のあるトマトポタージュには、ほのかな酸味と強めのコクがあるチーズクッキー、濃厚な味のクラムチャウダーには香ばしいナッツクッキーが合います。

おいしくなるヒミツ

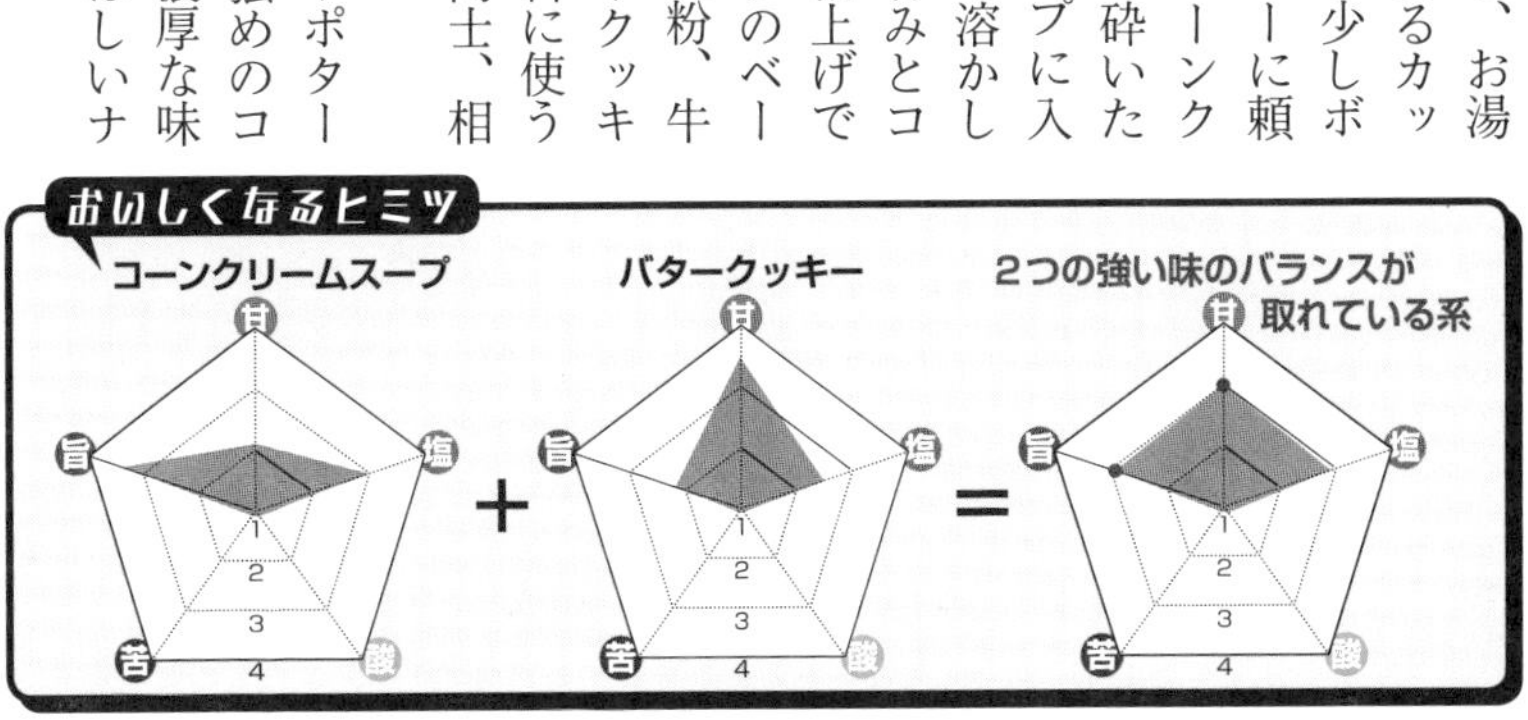

マーボー豆腐＋インスタントコーヒー

23

イ ンスタントコーヒーは調味料です！　と言ってもピンとこないかもしれませんが、カレーの仕上げに少し入れると味に深みが出るあの作用は見逃せません。同じ理由でおすすめなのはマーボー豆腐に使うこと。

マーボー豆腐は旨味と塩味、少しの甘味で構成された料理ですが、味の奥行きを出すには苦みを少々プラスしたい。それにはインスタントコーヒーが最適です。手軽に使えて溶けやすいので調味料としても非常に優秀。コンビニのマーボー豆腐に本格的な味を求めるときに、ひとつまみ程度のインスタントコーヒーをかけて混ぜれば、満足感がグッとアップします。インスタントコーヒーがない時は、イチゴジャム大さじ1程度をプラス。こちらは酸味と甘味も加味されてコクが増します。

おいしくなるヒミツ

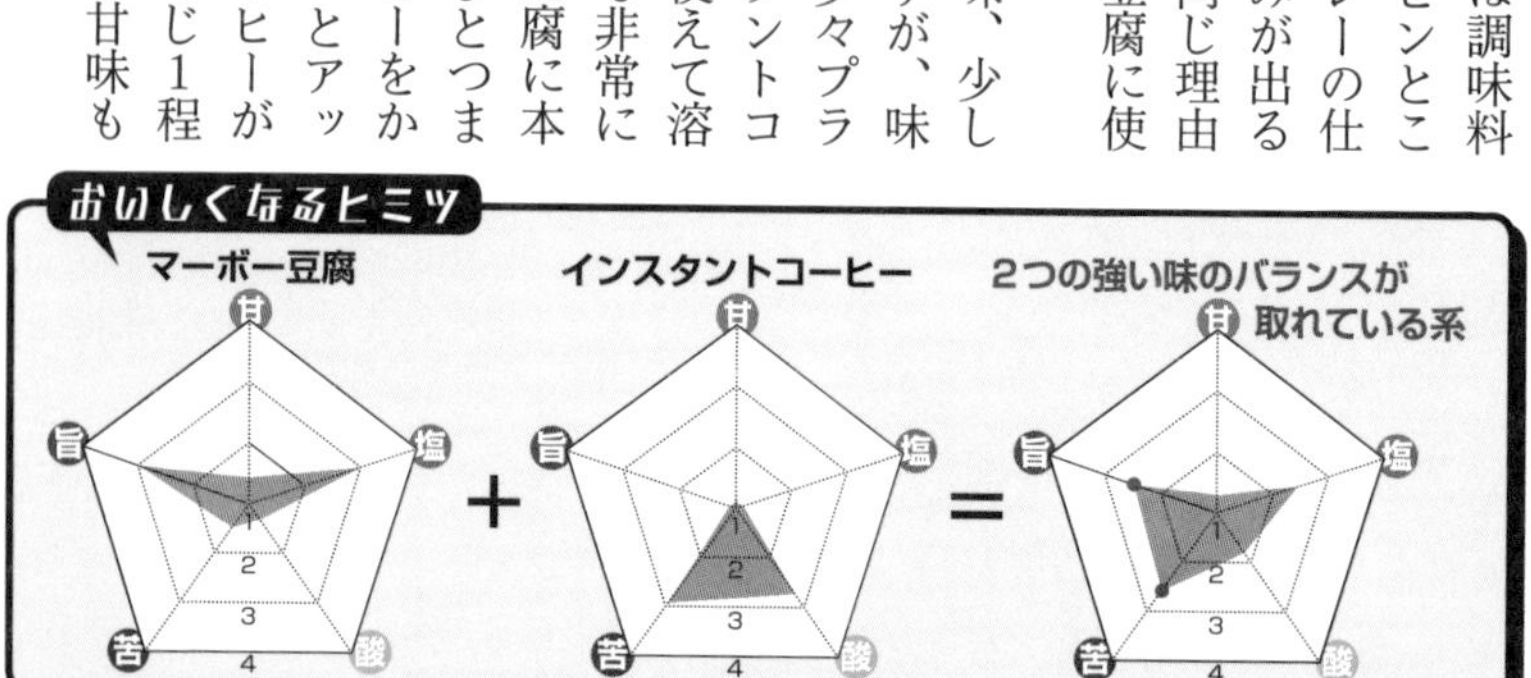

梅酒+飲むヨーグルト

24

近頃なんだか疲れやすくて元気が出ないなぁ。そんなときは「梅酒カクテル」をお試しください。梅酒には疲労回復効果のあるクエン酸が含まれています。まずは梅酒と飲むヨーグルトを1：1で割る方法。梅酒の酸味と苦味、飲むヨーグルトの甘味と酸味、旨味がバランスよく調和して絶妙な味わいです。黒砂糖漬けの梅酒ならコクが増して味に深みが出ます。いずれもおいしすぎるので飲み過ぎはくれぐれもご用心。

次に、グレープフルーツやオレンジなど柑橘系100％ジュースと梅酒を1：1で割る方法。これは梅酒の甘酸っぱさと華やかな柑橘類の香りでフルーティな食前酒に。

野菜を摂りたい方におすすめなのは、フルーツ入り野菜ジュースと梅酒を1：1で割る飲み方です。

おいしくなるヒミツ

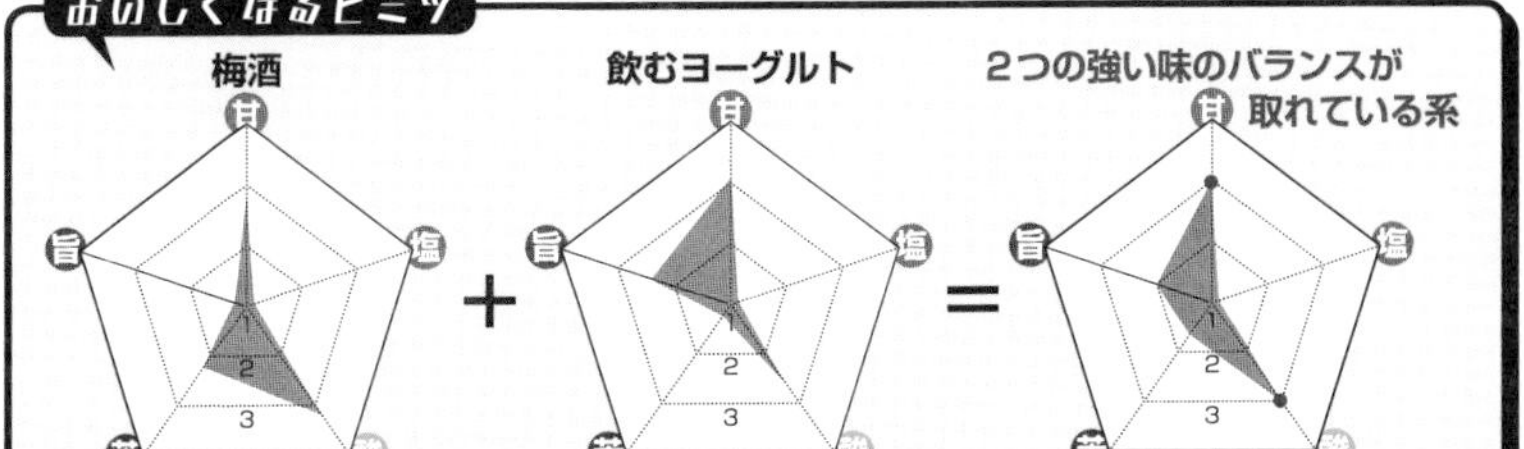

25 きつねうどん+しば漬け

甘く煮た油揚げに、だしの旨味がたっぷりしみ込んだ「きつねうどん」。カップ麺の定番中の定番でもあり、もはや日本人のソウルフード。味変アイテムで楽しむファンも多いようですが、ここでのおすすめはプラス酸味。しば漬けをちょい足しし、きつね(油揚げ)をつゆに浸しながらいっしょに食べます。甘味が強くコクのあるきつねを、しば漬けのさっぱりとした酸味が引き立てます。甘く少々単調な味わいも、しば漬けの塩味と酸味、カリカリの歯ごたえで、最後まで飽きずに味わえます。しば漬けがない時は梅干し1個をカップ麺投入でお試しを。甘いきつねと梅干しの酸味が互いにいい味を出し合い、こちらも相性バツグンです。しば漬けと甘く煮た油揚げが合うのだから、いなり寿司のトッピングにもおすすめです。

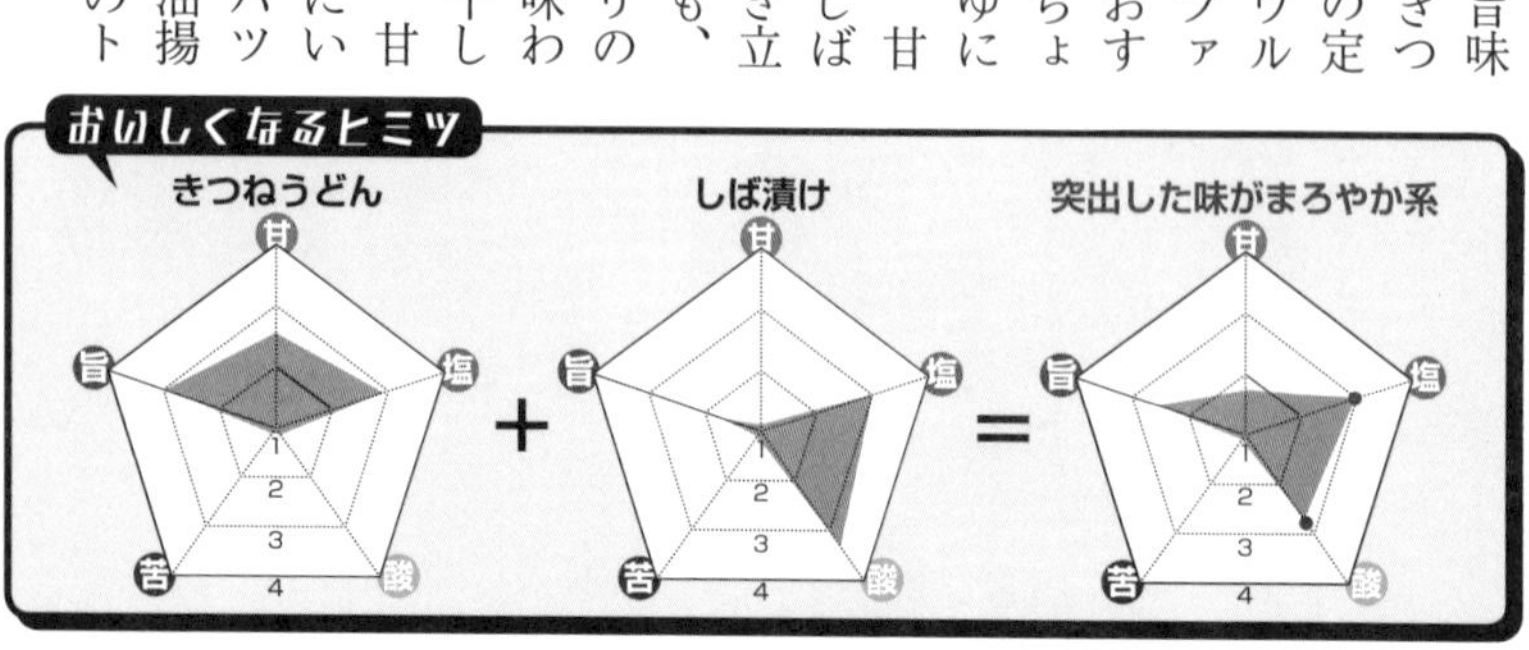

26 カレー+納豆

今や国民食、定番人気のカレー。大手カレー専門店では「納豆カレー」が大人気。作り方は簡単。器にご飯とカレーを盛り、よく混ぜて旨味を引き出した納豆をのせるだけ。この時、添付の辛子やタレは混ぜません。理由は納豆のアミノ酸系旨味成分（グルタミン酸）と、カレーの核酸系旨味成分（イノシン酸）を直接調和させたほうが、旨味相乗効果が出ておいしさが倍増するため。

クセが強い印象の納豆ですが、実はカレールウの味を邪魔せずに、旨味だけを引き出します。納豆のねばつきがカレールウを舌にからめ、カレールウの旨味を存分に味わうことができます。さらに、納豆に微量に含まれる隠し味程度の苦味成分が、カレーの旨味と塩味に反応してコクのあるおいしさを実現します。

おいしくなるヒミツ

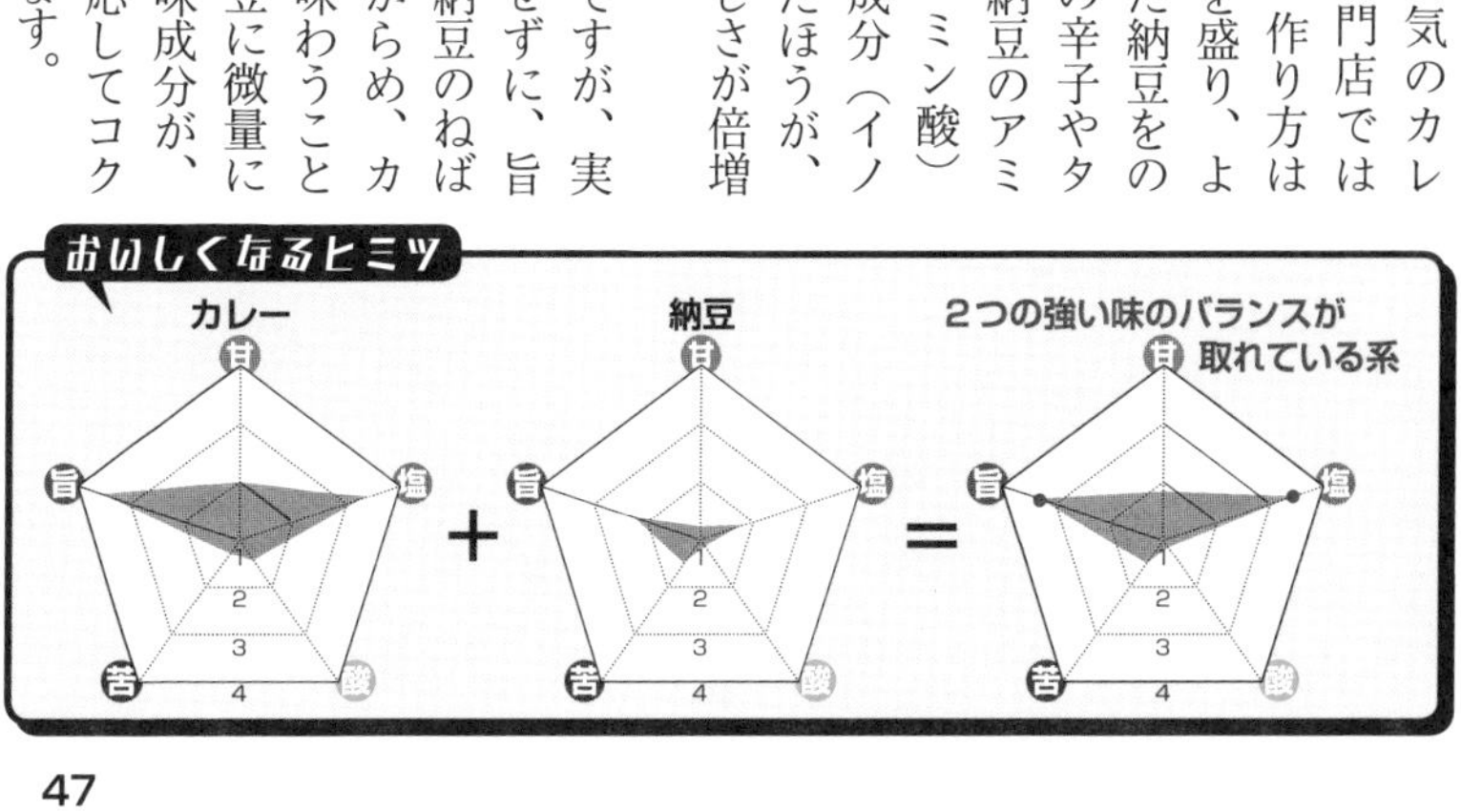

27 コーヒー＋食塩

塩は食材本来の旨味や風味を引き出す力があり、料理にもお菓子にもと用途はさまざまですが、塩味のコーヒーというのは少々珍しい。しかし、コーヒーの産地エチオピアでは、コーヒーに塩を1つまみ入れる習慣があります。一見まずそうですが、コーヒー特有の苦味や酸味が消えてマイルドな味わいに。

この飲み方はフルーティな酸味と香りを持つ〝モカシダモ〟によく用いられ、1つまみの塩でモカフレーバーはそのまま、酸味と苦味はおだやかに。塩はあくまでもほんの少しが適量。本来は酸味のあるコーヒーに用いる抑制効果ですが、古くなって酸味の出たコーヒーでも塩ひとつまみで飲みやすくなります。基本はホットのブラックコーヒー＋塩。砂糖とミルクもおいしい関係ですが、塩もぜひお試しを。

おいしくなるヒミツ

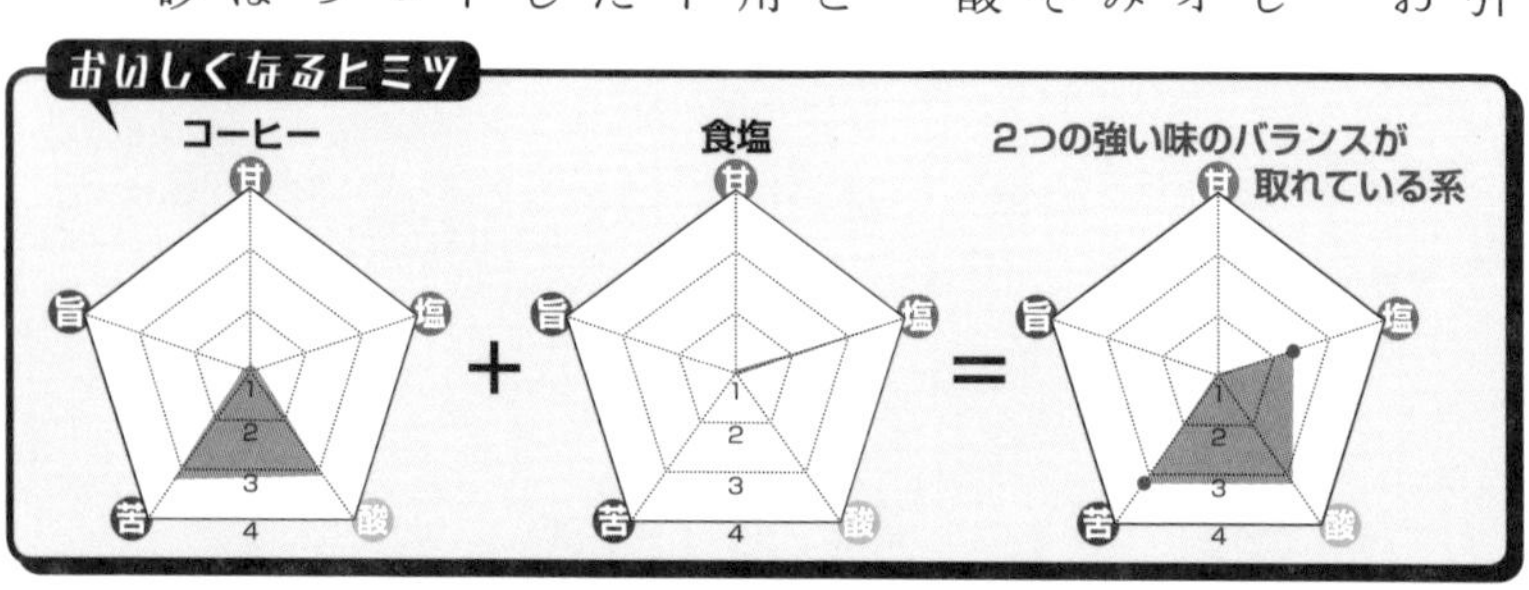

28 ゆで卵の黄身＋ハチミツ

旨味が濃くホクホク食感が特長のゆで卵の黄身(目玉焼きの黄身でもOK)に、甘味と旨味が強いハチミツをプラスすると、なんと！　栗の味に変身します。黄身にハチミツをよくなじませるのがポイントなので、固ゆでの場合はハチミツをかけて数分置きます。半熟ならすぐに食べてOK。ハチミツがしみた黄身は栗で作るモンブランのような食感。＋ナッツ類でコクも出ます。よりモンブラン感を楽しみたければ、ゆで卵の黄身2個、ハチミツ小さじ1、生クリーム小さじ1と½をフードプロセッサーで混ぜ、仕上げに焦がしバター小さじ1を混ぜます。ほかにバニラアイス＋レモン汁でチーズケーキ、羊羹＋バターでスイートポテト、麦茶＋牛乳＋砂糖でコーヒー牛乳なども注目の食べ合わせです。

おいしくなるヒミツ

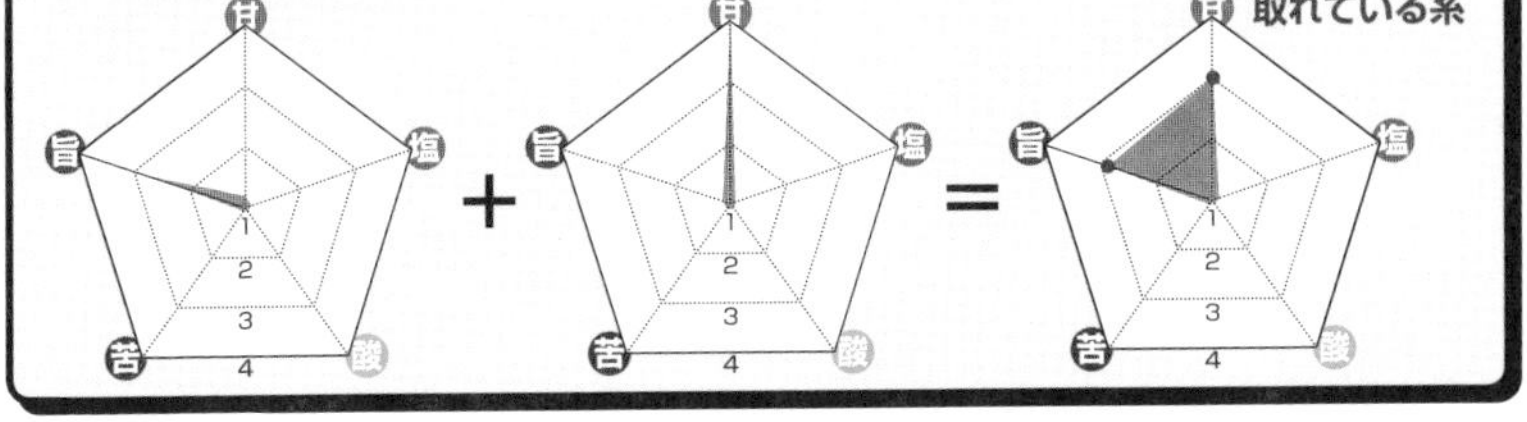

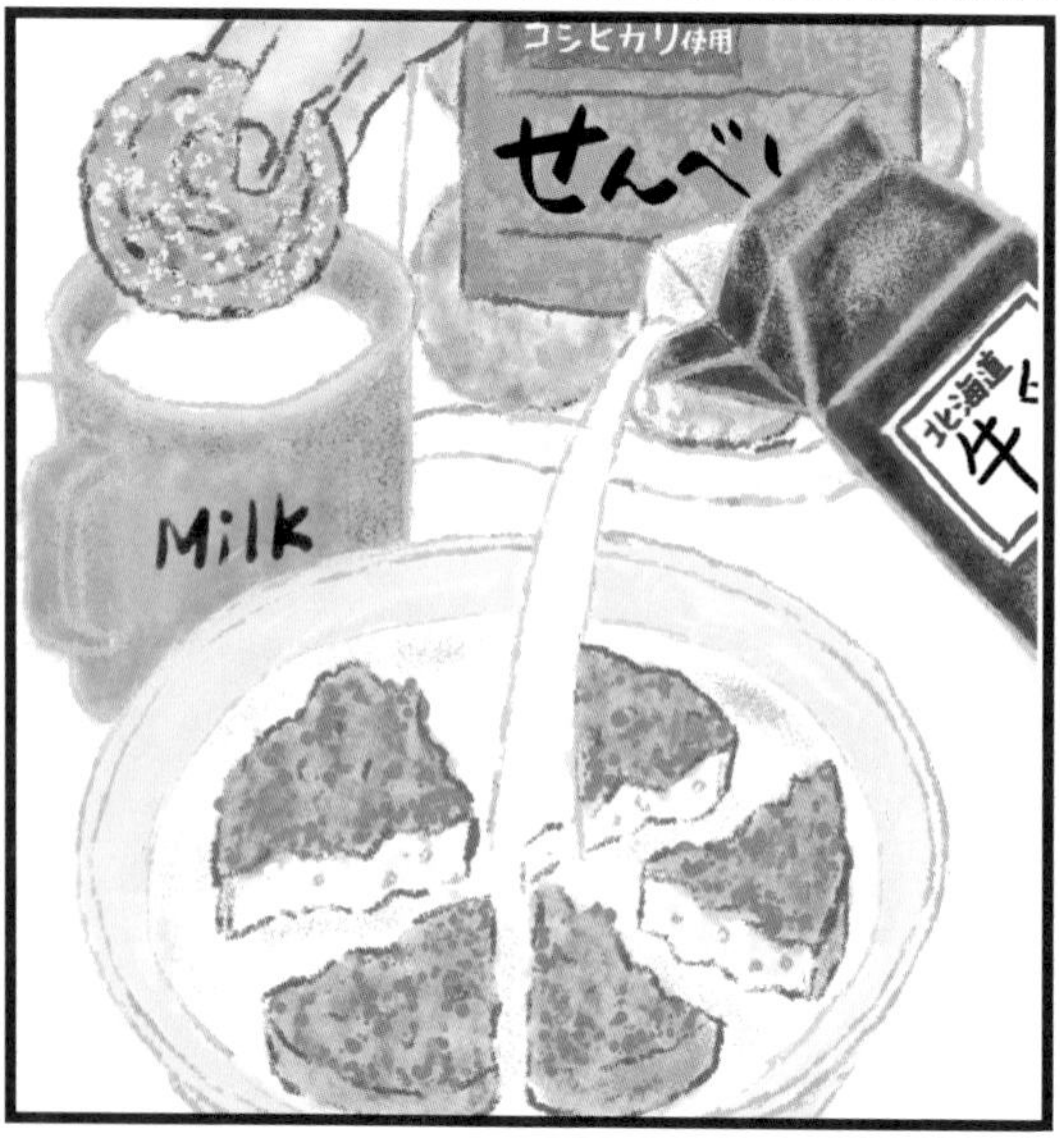

牛乳＋しょうゆせんべい

29

香ばしいしょうゆせんべいと、渋めのお茶は日本人なら誰でも納得のおいしい取り合わせですが、実は、しょうゆ味のせんべいには牛乳もよく合います。せんべいの塩味に牛乳の甘味が絡みあい、旨味が増加するのです。

食べ方は、一口大に割ったせんべいを器に入れて牛乳を注ぎ、せんべいに牛乳がしみ込むまで少し待ちます。すると、しょうゆ臭さが消えて牛乳のまろやかさが残り、ほんのり甘みを感じるコクのある味に。牛乳が苦手なら、せんべいは割らずにそのままでマヨネーズのちょいがけを。マヨネーズの酸味と油分が加わると、ぐっとコクが増します。これには一味唐辛子を1ふり、ピリっと味が締まります。あっさり味の塩せんべいには、まろやかな味のクリームチーズをちょいのせで。

おいしくなるヒミツ

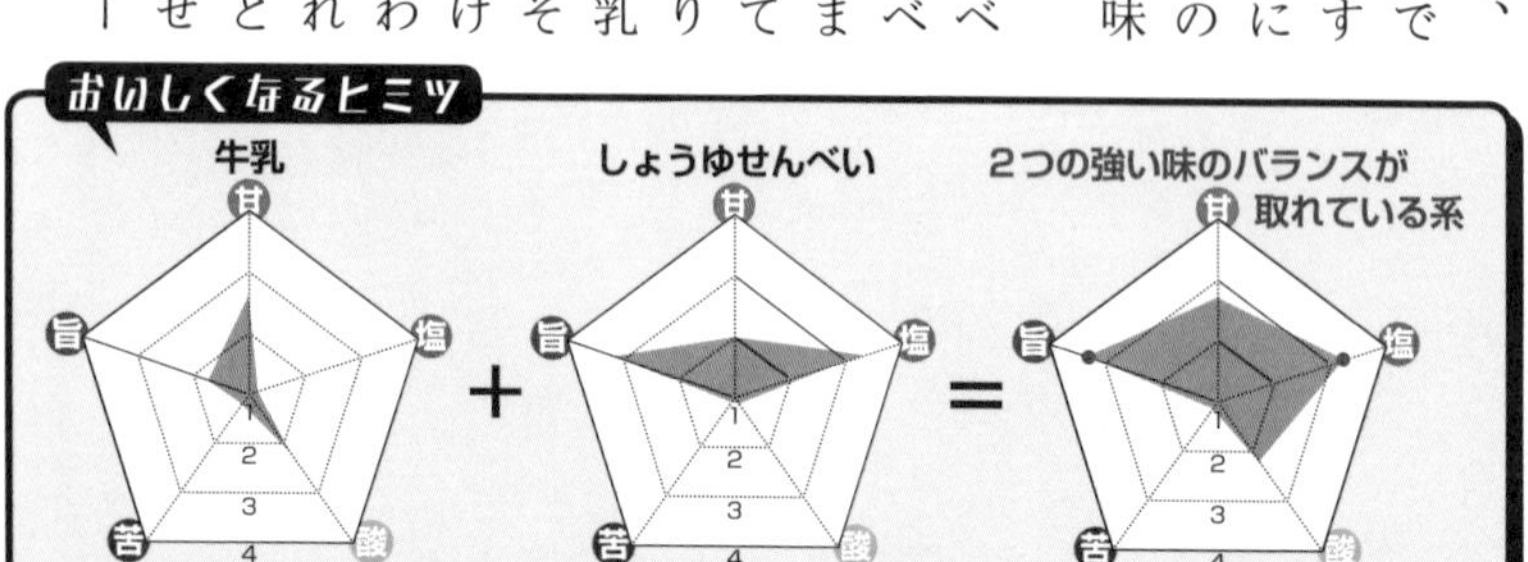

30 焼きそば＋納豆

いつものカップ焼きそばをもっとおいしくするちょい足し。それはひき割り納豆を入れること。ここがポイントで、ひき割り納豆を使ってこそ麺に納豆が絡みやすくなります。焼きそばはソース、しょうゆ、塩など好きな味でOK。まずは表示通りに焼きそばを作り、あとは添付のタレで味つけした納豆をよく混ぜて加えるだけ。濃いめの味つけのカップ焼きそばが、納豆の旨味でまろやかな味になり、さらにネバネバが加わるとツルリとのど越しもよく、箸が止まらなくなります。

また、フライパンで納豆を先に炒めてから麺を合わせると、納豆のネバネバや香りがやわらぎます。いずれも生卵を混ぜたり、目玉焼きをのせたり、シラス干し、おかか、刻みネギなどをトッピングするとさらに味がアップします。

おいしくなるヒミツ

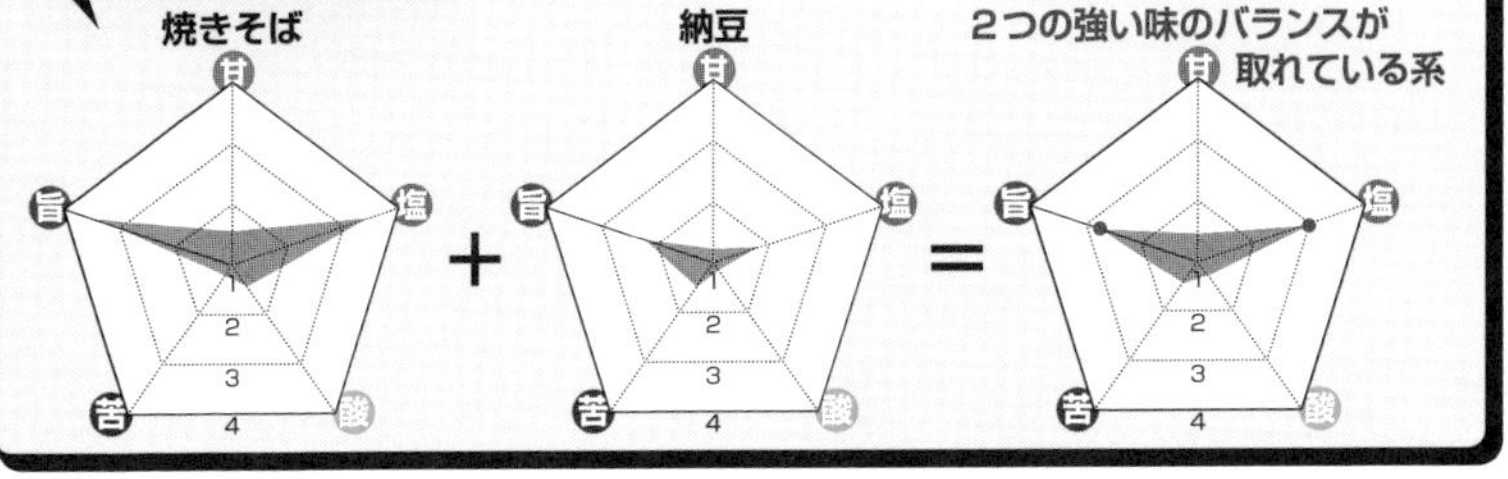

31

魚卵＋お菓子

食べ過ぎたらダメとわかってはいても、ついテンションが上がってしまうのが魚卵。そこに、さらに食べ過ぎたらいけないお菓子を組み合わせます。例えば、旨味と塩味が特徴のイクラ１：ホワイトチョコ２の割り合いで合わせると、塩味と甘味が絡み合う病みつきの味に。クセの強い者同士だからこその好バランスが完成。白ワインやシャンパンのつまみにすると、これはもうギルティ（罪の意識を感じる）。

ほかにも明太子１：スイートポテト２の割合でのせるとクリーミーな味になり、タンニン強めの赤ワインによく合います。

お正月におせちの数の子が余ったら、チーズおかきにのせてみてください。ハイボールやレモンサワーの格好のつまみになり、飲みながらポリポリと食感も楽しめます。

おいしくなるヒミツ

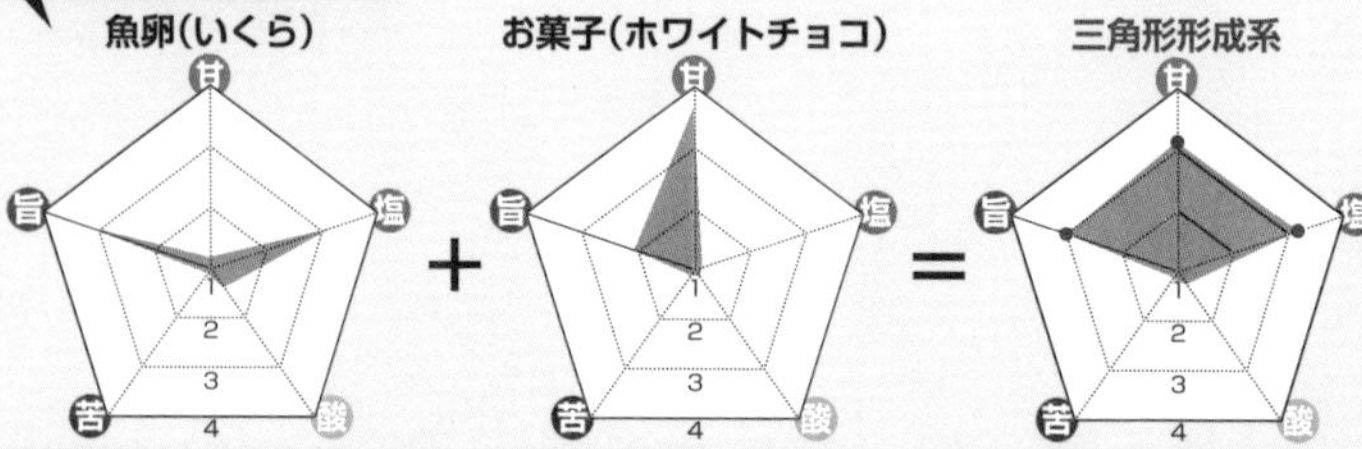

32 牛乳+梅干し

暑い夏、エアコン完備の室内にいると、外との温度差が激しくて、どうも体が疲れる。そんな時は、家にあるものですぐに作れる「梅干しミルクドリンク」はいかがでしょう？　クエン酸由来の梅干しの酸味が疲れを癒してくれます。まず、カップに牛乳150㎖を注ぎ、梅干し1個をほぐして入れ、スプーンでかき混ぜながら飲みます。意外な組み合わせのようですが、牛乳の甘みが梅干しの酸味をやわらげてまろやかな味になります。酸味が強すぎると感じた場合はハチミツを適量加え、よく混ぜて溶かせばグンと飲みやすくなります。多めに作って冷蔵庫に入れておくと、酸の影響でトロミが出て、これもまたおいしい。

手軽に作れて栄養もたっぷりなので、一日の疲れをねぎらうドリンクとしておすすめです。

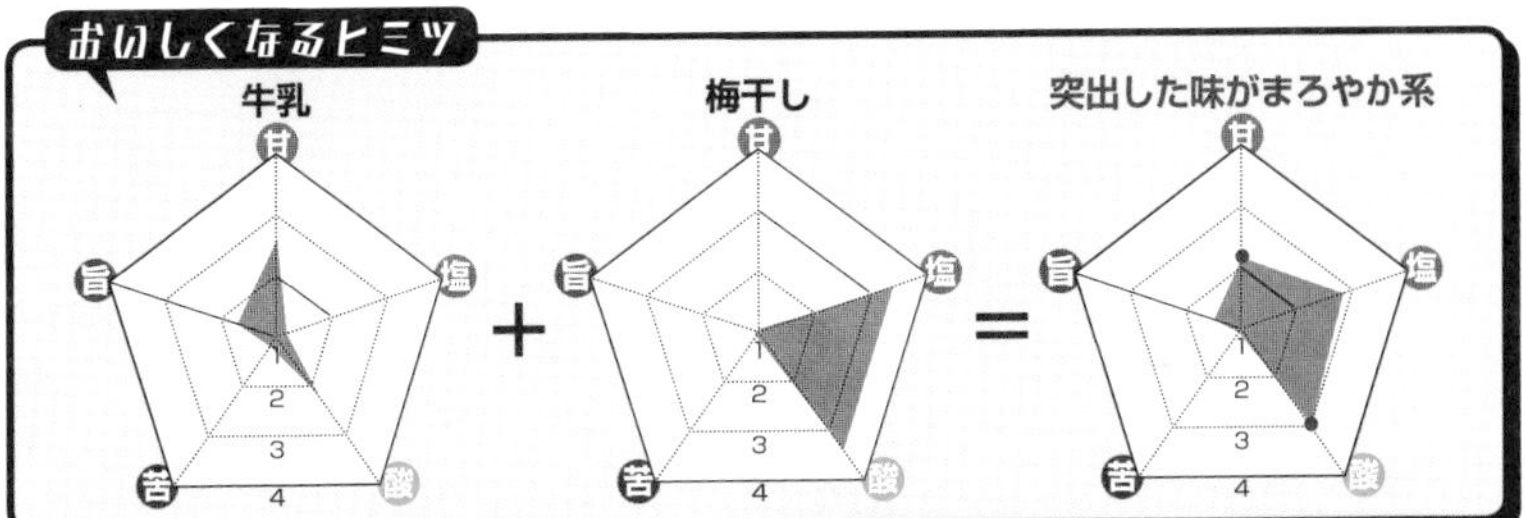

33

プリン＋納豆

納豆は添付のタレとねぎで食べるのが定番ですが、東北地方や北海道ではプラス砂糖も定番！

納豆1パックに砂糖をほんの少し加えて混ぜると、面白いほど真っ白に粘りけが出て、さらにしょうゆを混ぜれば砂糖が隠し味になって納豆臭さがやわらぎ、クリーミーでおいしい！

そこで最近話題の「プリン＋納豆」です。ありえない組み合わせのようですが、実は納豆の原料は大豆。スイーツの原材料にも使われるので甘味とは合うのです。

実際に納豆にプリン（『プッチンプリン』が最適）をのせ、よくかき混ぜてみたらプリンの甘味と納豆の旨味で十分おいしくなり、タレやしょうゆ、薬味などはむしろ蛇足。そのままズルズルッと味わっていただきたい。

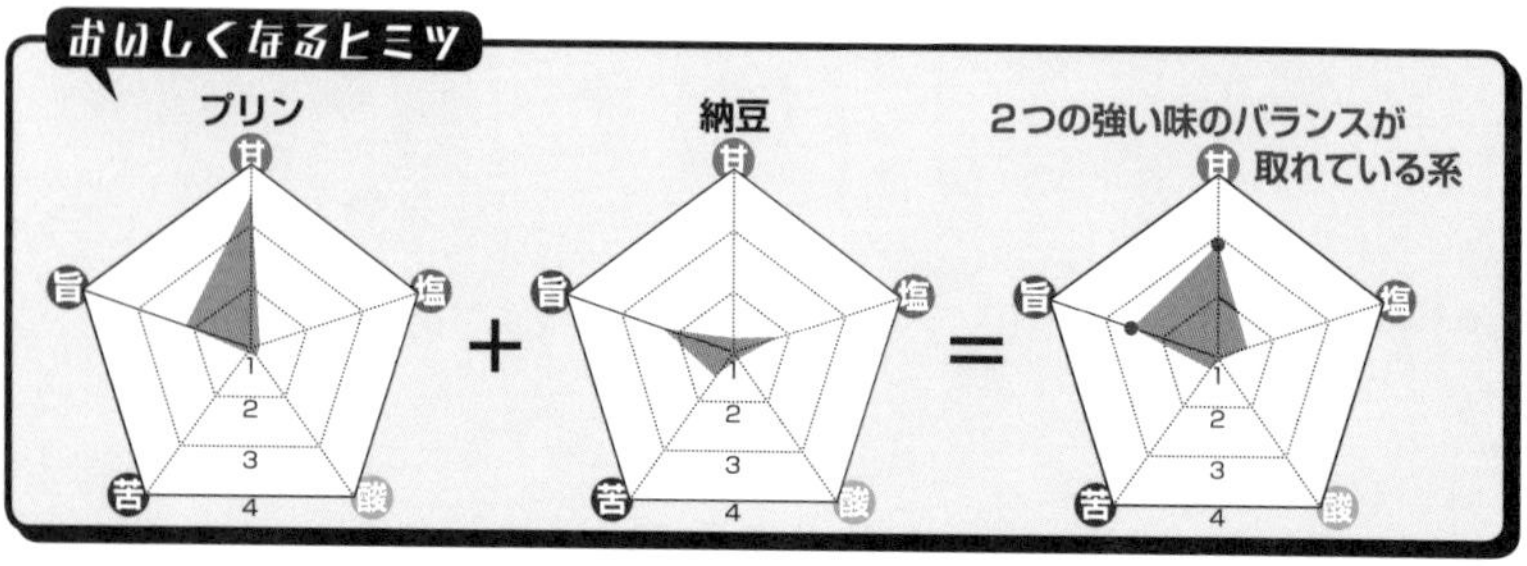

34

インスタントラーメン＋プリン

台湾で人気のインスタントラーメン『排骨鶏湯麺《シャンラーニューロンタンメン》』にプリン1個をのせ、混ぜて食べるのがおいしいと流行ったことがあります。見た目のインパクはすごいのですが、もとはといえばプリンの原料は卵、牛乳、砂糖で、実は様々な料理と味がなじみやすいのです。

台湾で流行った『排骨鶏湯麺《シャンラーニューロンタンメン》』風の味を試したいなら日本のチキンラーメンで挑戦を。こちらはラーメンスープの旨味＋プリンの甘味で本格的な豚骨ラーメンのような味に。本場の味の再現には『プッチンプリン』がベスト。

この他、「みそラーメン＋プリン」でみそバターラーメン風、「豚骨ラーメン＋プリン」でポタージュ風のまろやかな味になります。「塩ラーメン＋プリン」は、コーンスープのような甘みを感じます。

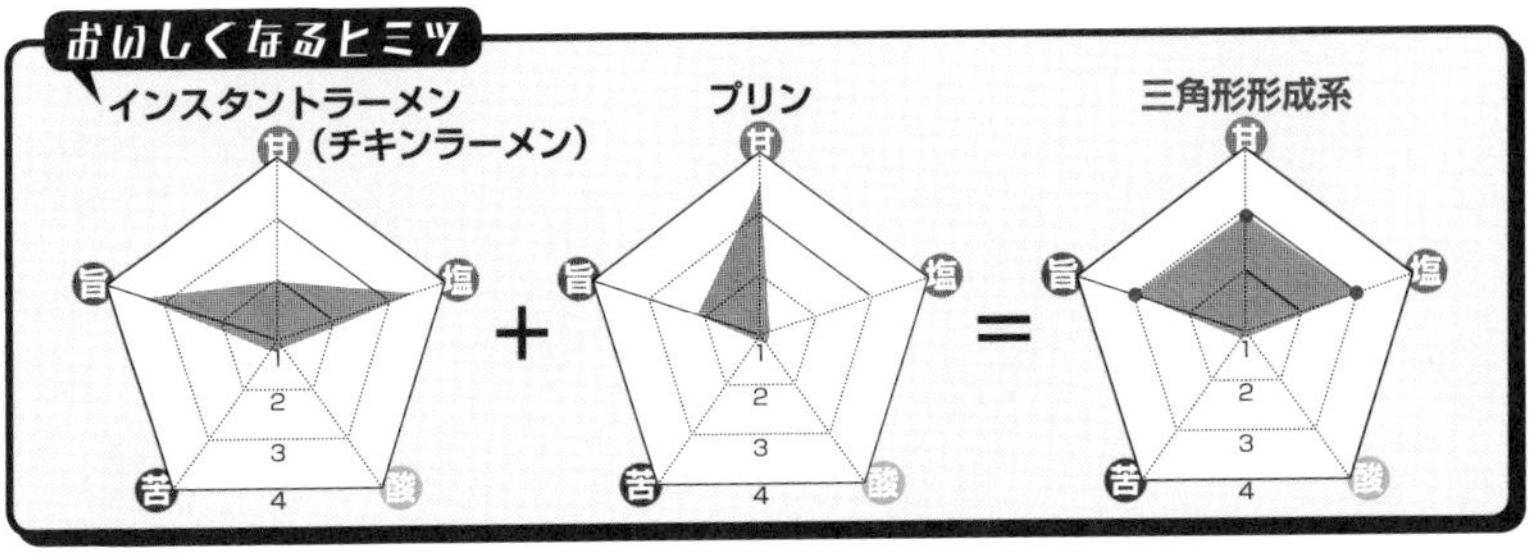

35

チョコアイス＋天かす

天かす（揚げ玉）は料理にコクを加えるお助け食材。原料が小麦粉、卵、油だから当然ですが、これがすごく使い勝手がよく、冷蔵庫に常備しておくとなにかと便利。お好み焼き、たこ焼き、うどんに入れるのはおなじみですが、今回はなんと！　スイーツにちょい足しをご提案。まずは、チョコアイスにトッピングするワザ。天かすに含まれる油分でチョコがより濃厚な味わいに。食べ合わせのコツは味の強さを揃えることなので、強い旨味の天かすには、甘味の強いチョコやナッツ系フレーバーがおすすめ。ストロベリーやバニラフレーバーだと、相乗効果は薄めになります。

　その他おすすめは即席チョコパフ作り。湯煎で溶かした板チョコに天かすを混ぜて、一口大にまとめて冷蔵庫で冷やし固めるだけで完成。

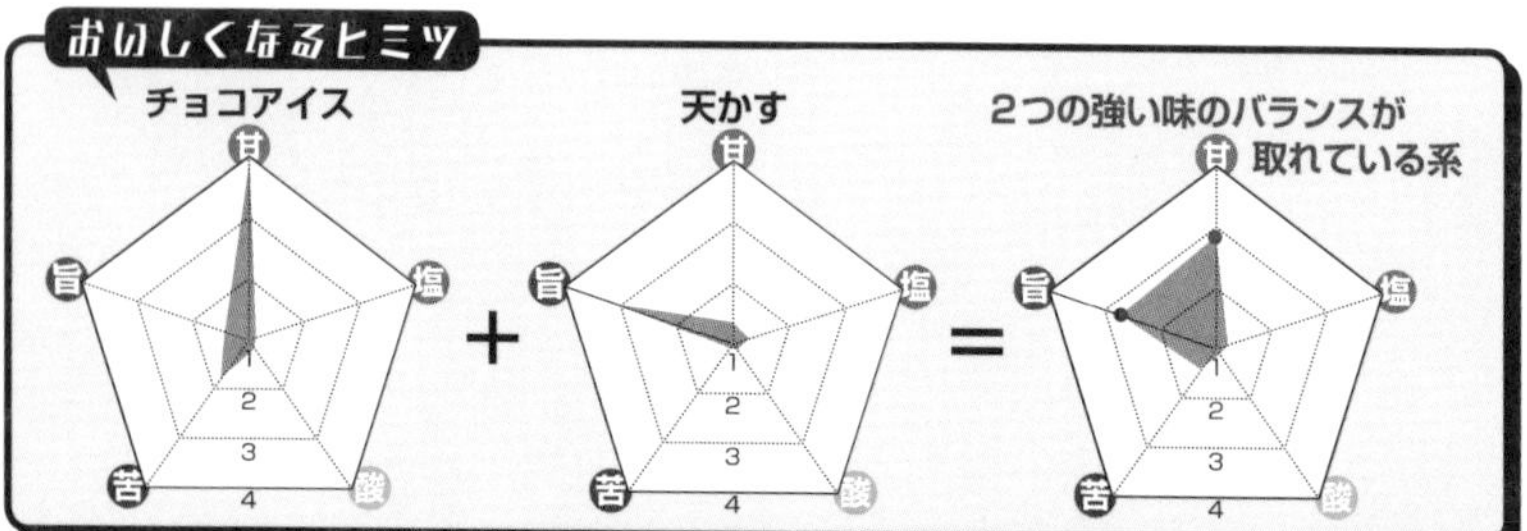

キュウリ+ピーナッツバター

36

キュウリやニンジン、セロリなどを棒状に切ってディップを添える「スティックサラダ」。昨今コンビニの惣菜コーナーでもみかけます。添付の「みそマヨ」や「ゴママヨ」などで食べてもOKですが、キュウリのイボイボは苦味が多い部分で、こそげ取っても少し残る苦味が特徴です。

キュウリの苦味とピーナッツバターの甘味のバランスが実は絶妙。少し手を加えたい場合は、ピーナッツバター1：みそ1：マヨネーズ1にしょうゆ少々を混ぜます。材料全部が濃い旨味を持つこのディップには、淡泊なキュウリが好相性。

好みでラー油やコチュジャンを混ぜれば、アジアン料理のドレッシングとしても使えます。キュウリと同様に少し苦味があるピーマンでも同様の効果が得られます。

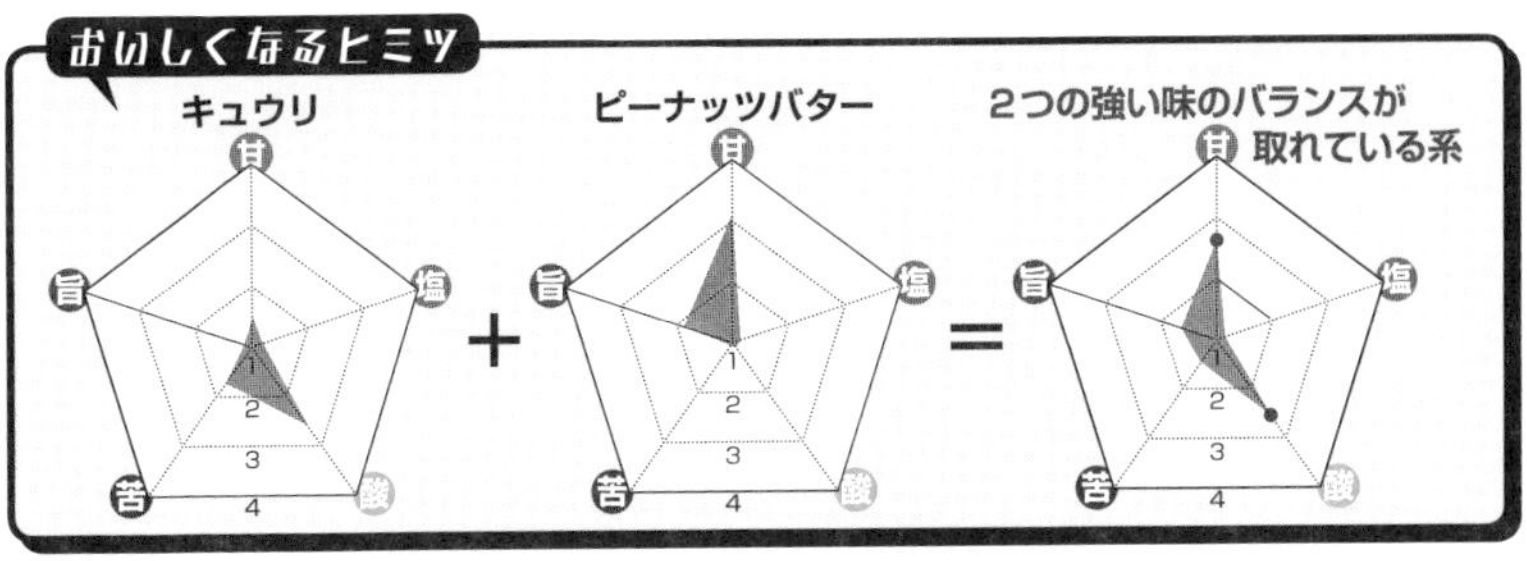

サラミ＋ぶどう

37

フルーツと肉の加工品は禁断の組み合わせ。サラミやハム、ソーセージなどの加工肉の塩けと旨味に、フルーツの甘酸っぱさが合流すると絶妙なハーモニーを醸し出し、加工肉の少々しつこい味がやわらぎます。

　ベストカップルは「サラミソーセージ＋ぶどう」。どちらも種類を選ばず合いますが、特選するなら、ハードタイプのサラミにデラウェアのペアがいち押し。

　食べ方は、スライスされたサラミにデラウェアを3粒ほどのせるだけ。サラミの油分をぶどうの果汁が優しくコーティングし、その味はまさに絶品。ぶどうは皮をむいて口当たりをよくして使いますが、赤ワインと合わせる場合は皮つきのままでもＯＫ。皮の渋みとワインの渋みがフィットします。

おいしくなるヒミツ

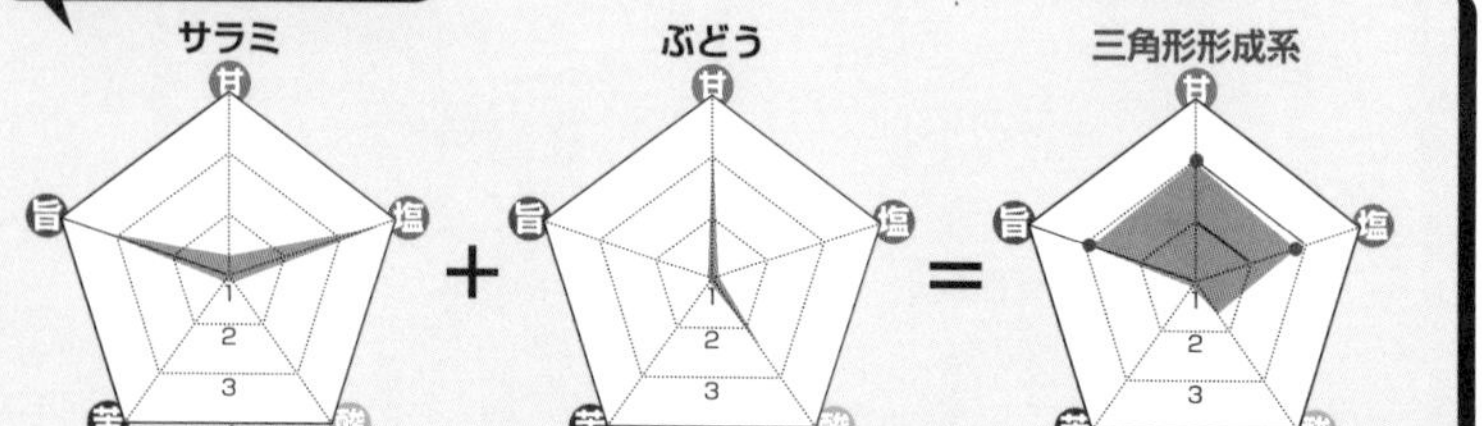

38 カニのほぐし身+チーズタルト

カニは核酸系旨味成分（イノシン酸）とアミノ酸系の旨味成分（グルタミン酸）の両方をバランスよく含み、単独で旨味相乗効果を成す旨味の優等生。優等生はどんな食材とも好相性。そこで今回は誰もが想定外の、カニのスイーツ仕立てレシピをご紹介。合わせるのは甘く濃厚な味のチーズタルト。旨味の宝庫であるカニのほぐし身と合わせると、カニの塩分が抑制されて、甘味と旨味が同程度で最良の味バランスになります。作り方は、カニのほぐし身をチーズタルトが隠れるほどたっぷりのせたらでき上がり。赤ワインによく合います。高価なカニが使いにくい時は、使い勝手の良いカニカマでお試しを。タルトは、フルーツタルトのように酸味が強いものは、味の要素が多くなってしまうので、チーズタルトがベスト。

おいしくなるヒミツ

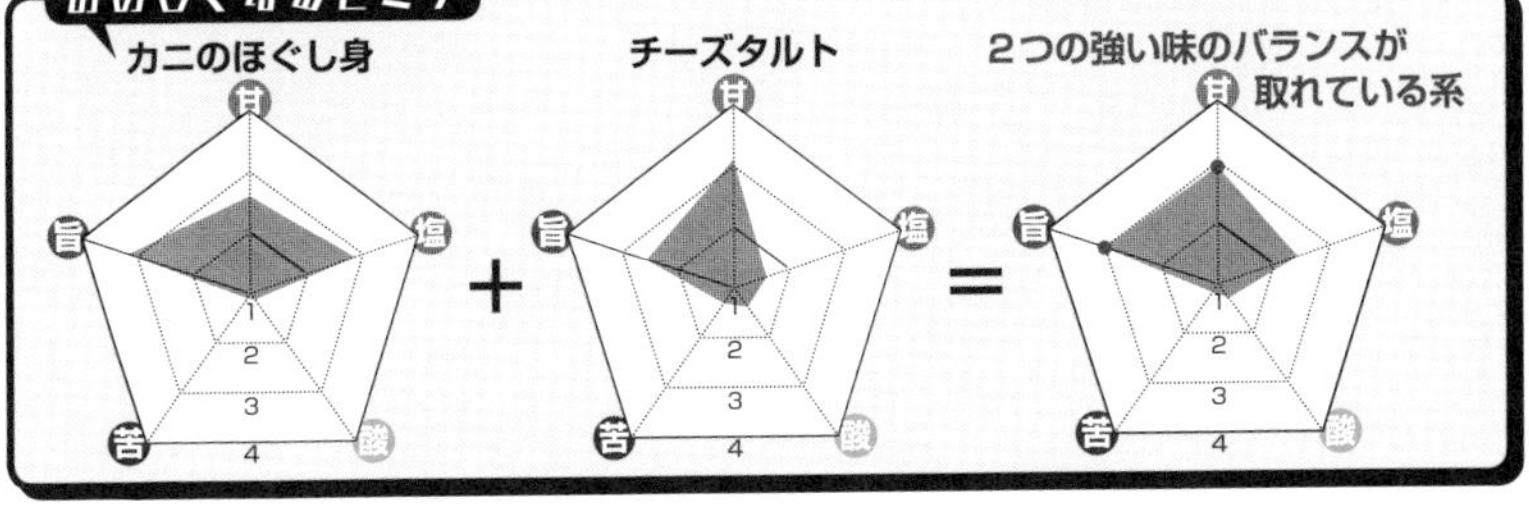

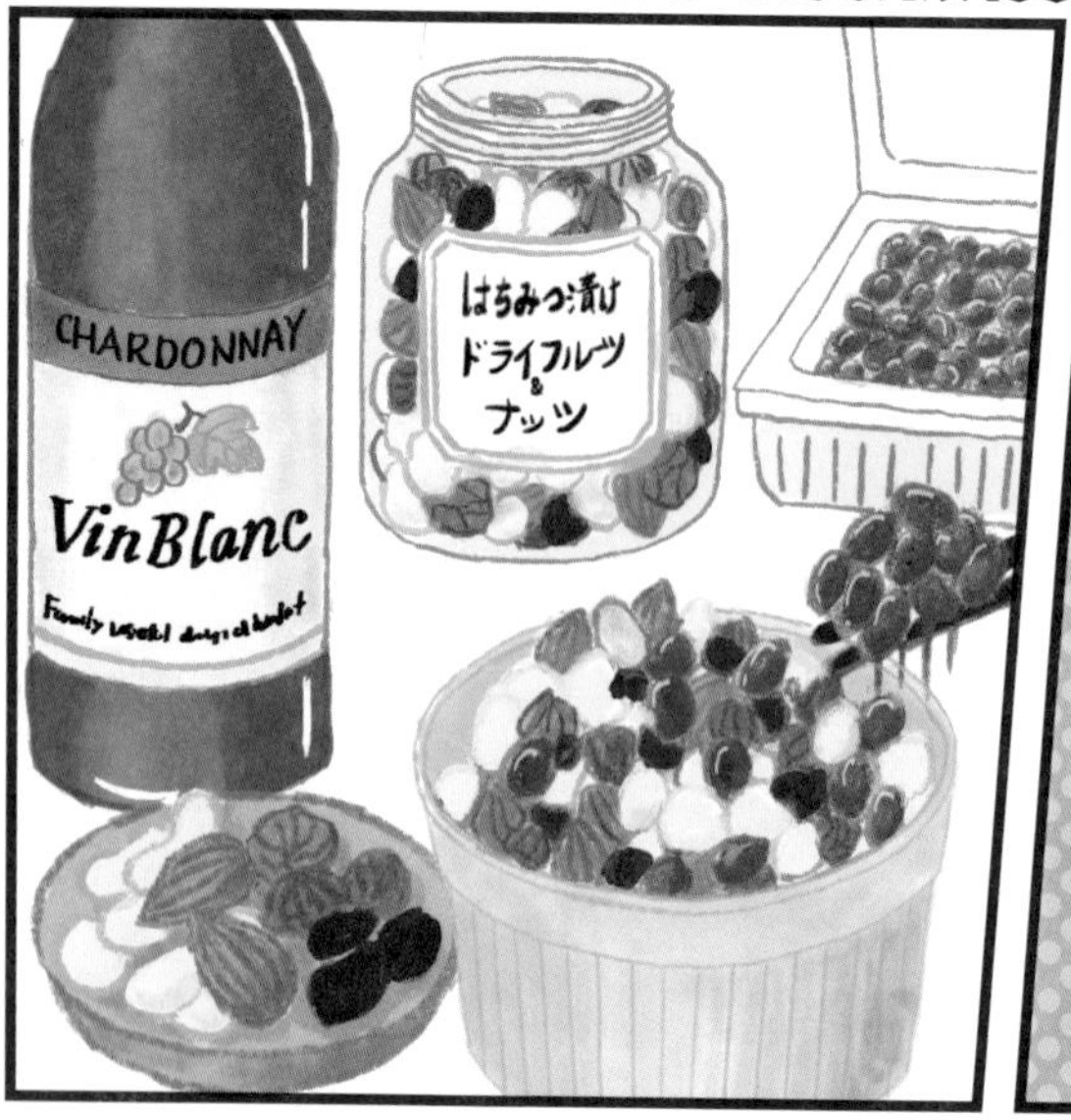

納豆+ドライフルーツ

39

ダイエット中のおやつは、腹持ちがよく満足感があることが必須。脂肪燃焼効果のある納豆は強い味方です。そこでひと工夫。大粒の納豆1パックに、ミックスドライフルーツを刻んで小さじ山盛り1程度混ぜます。納豆の旨味と苦味に、ドライフルーツの甘味と酸味が混ざると、味のバランスがとれて実においしい。本来、納豆の発酵臭は本能的に人間が避けたくなる風味。そこに本能的に好む甘味を足すと、とても食べやすい。また、ハチミツ漬けのミックスドライフルーツ&ナッツ1に納豆2の割合で混ぜると、辛口の白ワインにも合います。

ひきわり納豆3に対し、その上に栗の甘露煮1：あんこ1の割合でのせると、和風甘味のでき上がり。ポイントは異なる食感を合わせること。

おいしくなるヒミツ

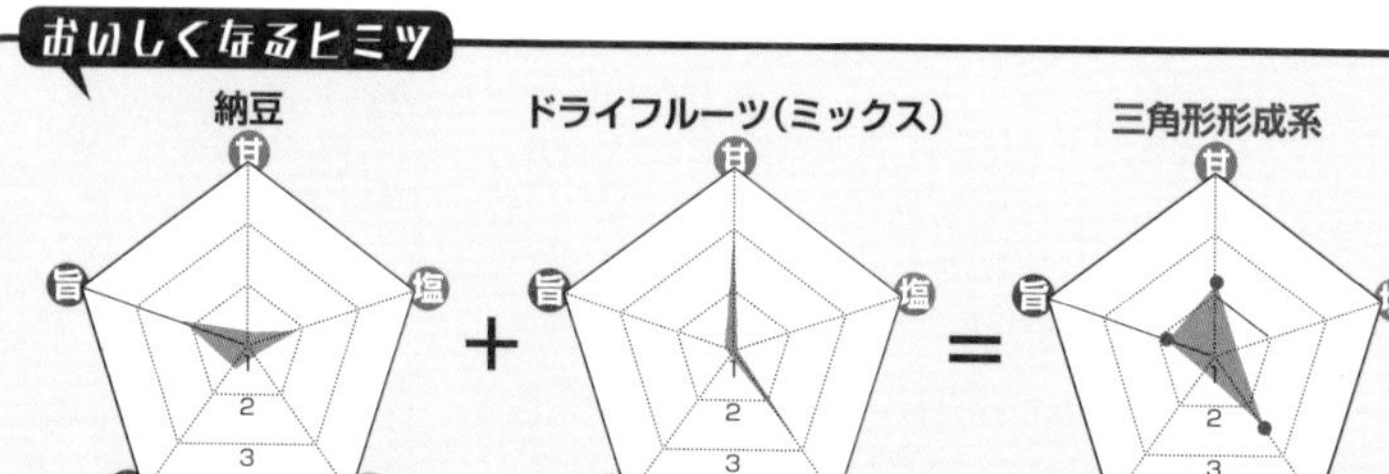

昆布の佃煮+バターピーナッツ

40

佃煮にナッツ類が合うってご存知ですか？　基本は佃煮2に細かく砕いたナッツ類1の割合で混ぜます。

例えば昆布の佃煮＋バターピーナッツや、ジャコの佃煮＋落花生などは佃煮の塩味、旨味、甘味にナッツの油分、コク、食感が加わり後を引くおいしさに。同様に海苔の佃煮＋ミックスナッツ＋溶かしバターを2：1：1の割合で混ぜればバターの風味とクリーミーさも加味され、おにぎりの具やご飯のお供にいい味出します。ほかにも厚揚げに、スライスチーズ＋ジャコの佃煮＋砕いたミックスナッツをのせてトースターで焼けば、厚揚げの旨味に佃煮の塩味、チーズの油分とコク、ミックスナッツの食感が加わり、食べ応えのある1品に。ナッツ類はあられや豆菓子でもOK。

おいしくなるヒミツ

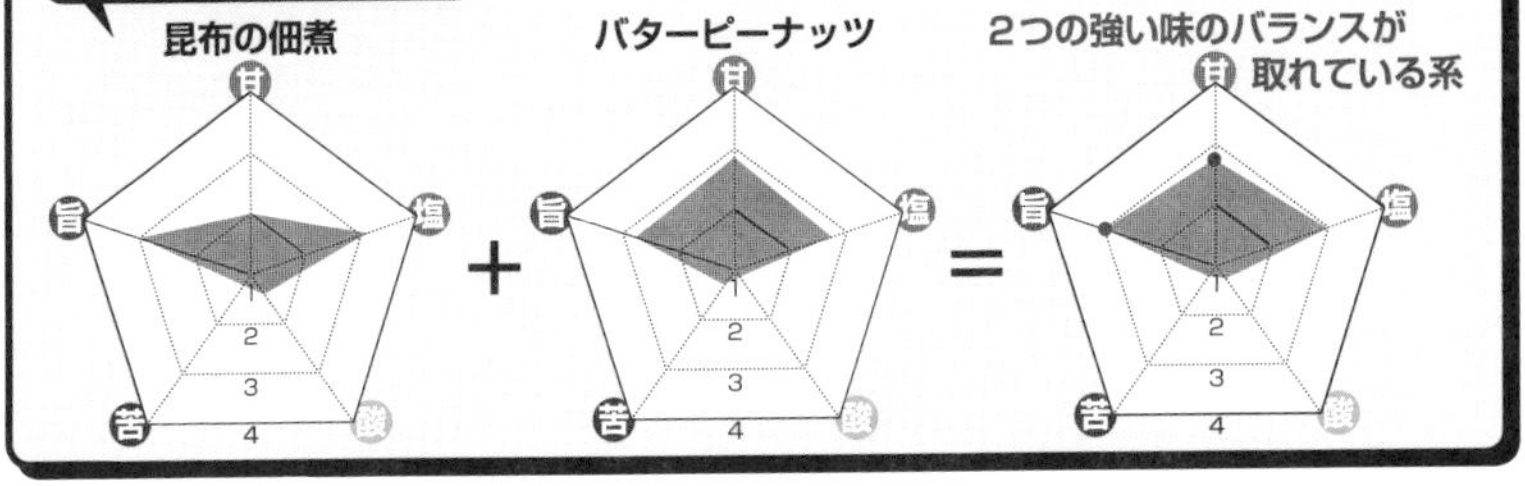

マシュマロ＋キャビア

41

世界三大珍味の一つで高価なことでも知られ、海の宝石と例えられるキャビア。その正体はチョウザメの卵。保存上、塩味が強めなので、クラッカーやバゲットなどにのせる食べ方が多いようですが、ここでご紹介するのは、マシュマロにちょいのせする食べ方。意外な取り合わせのようですが、食べるとマシュマロの甘さがキャビアの塩けをほどよく抑え、甘じょっぱいのに、まろやかで優しい味に変身します。

もっとゴージャスにとか、彩りよくしようとほかの材料を加えるのはNG。味のバランスが崩れてしまうので、くれぐれもキャビアとマシュマロの2点仕立てで。

ウイスキーや焼酎などの蒸留酒や、重厚感あるフルボディの赤ワインなどによく合う、リッチなつまみになります。

おいしくなるヒミツ

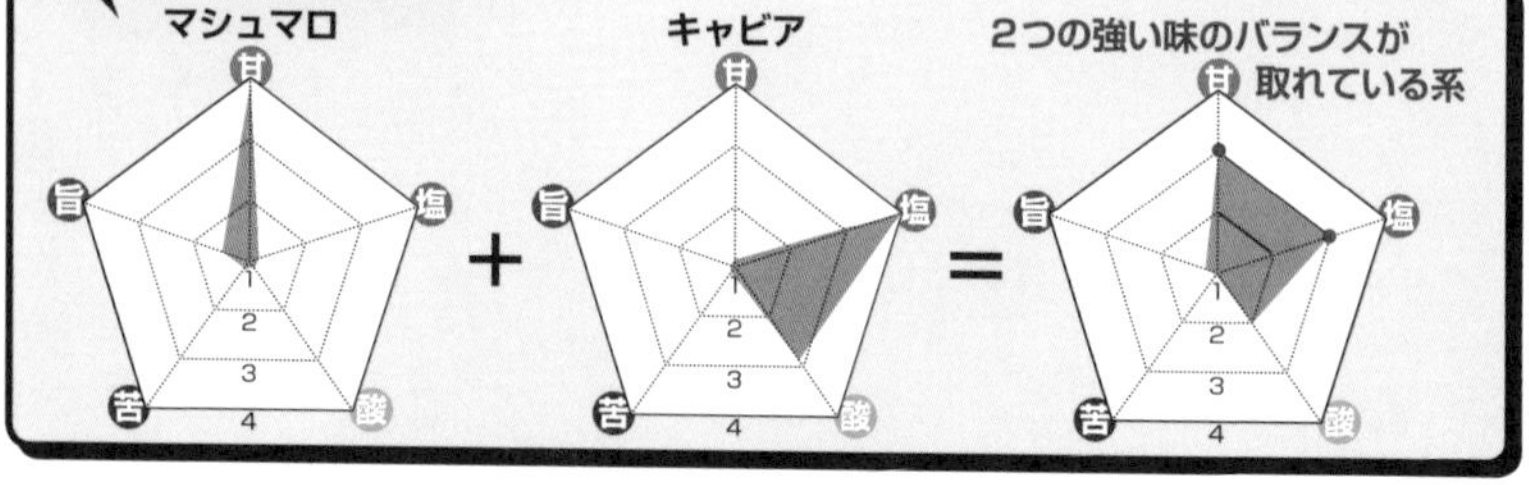

42 卵かけご飯＋『のりたま』

「卵かけご飯」は、今やＴＫＧと略語化されるほどの人気ぶり。さらなる美味追及なら〝卵＋卵〟でコクが出る『のりたま』ふりかけがおすすめ。のりたまの塩分で旨味が強く感じられるうえ、食感も楽しい。海苔は単独でアミノ酸系旨味成分（グルタミン酸）と核酸系旨味成分（イノシン酸、グアニル酸）を含む旨味相乗効果を成す食材。おいしくならないワケがありません。

贅沢をするなら卵巣精巣のウニをプラス。さらに旨味が強化されてクリーミーさとコクも加わり、文句なしのおいしさです。

食材の相性度を数値化できる味覚センサーでＴＫＧのベスト調味料を実験すると、実はしょうゆ（相性度97・3）より焼き肉のたれ（相性度97・9）が僅差で優勢。ぜひこちらもお試しを。

おいしくなるヒミツ

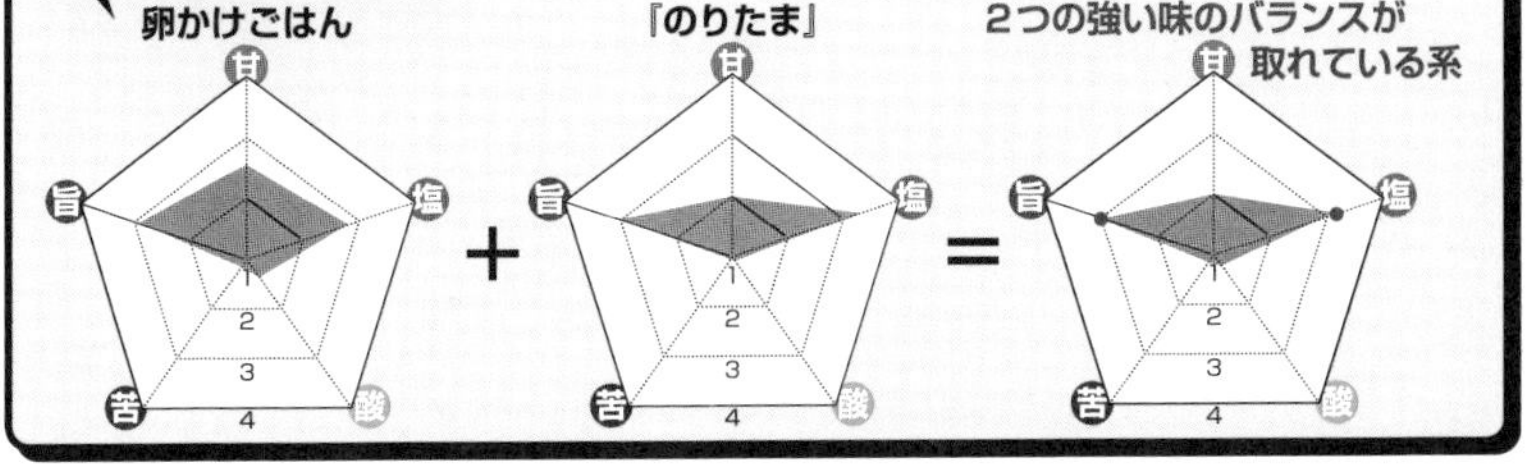

Chapter 3
食材のポテンシャルを引き上げる、かんたん調理

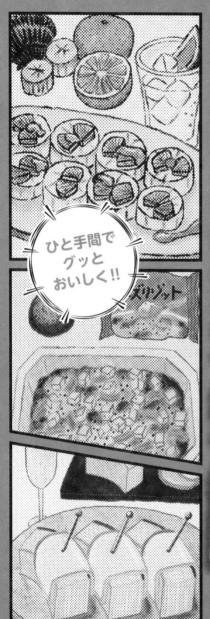

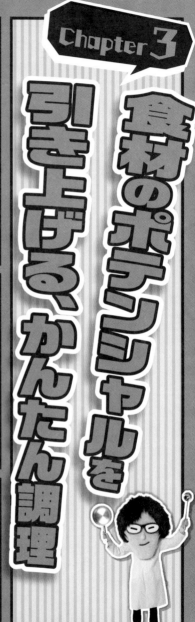

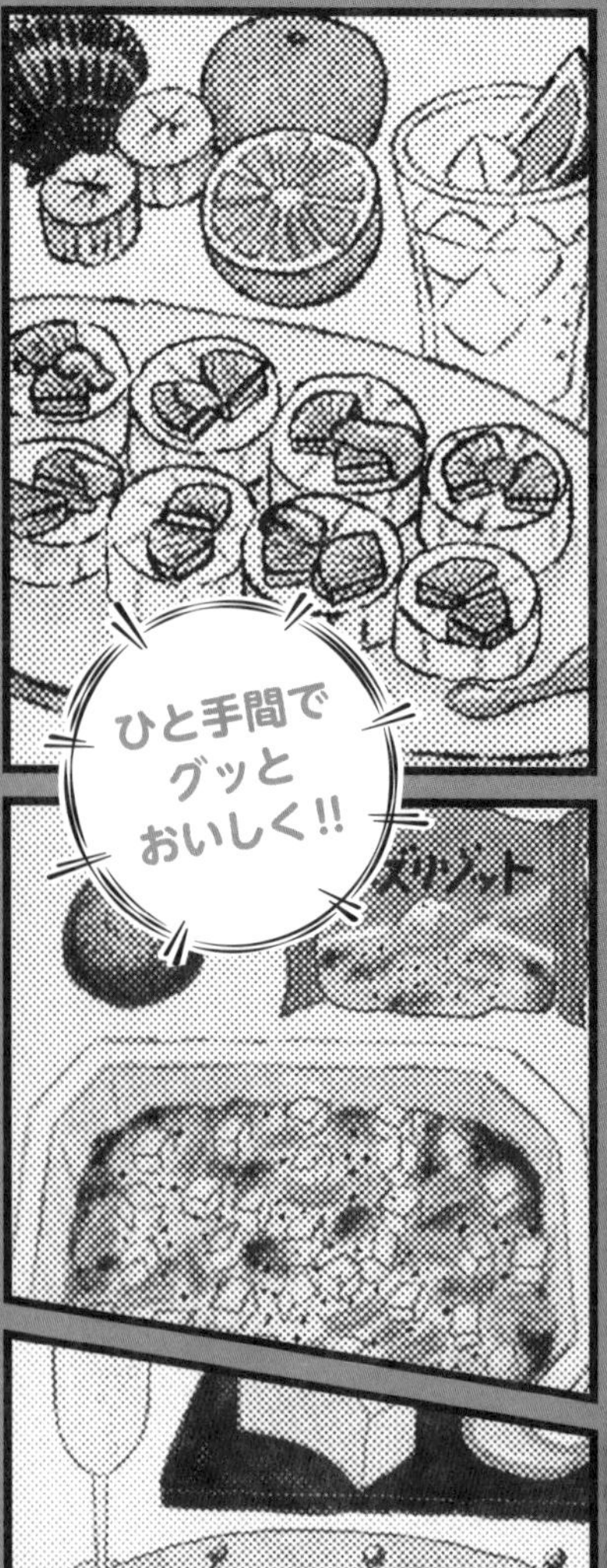
ひと手間で
グッと
おいしく!!

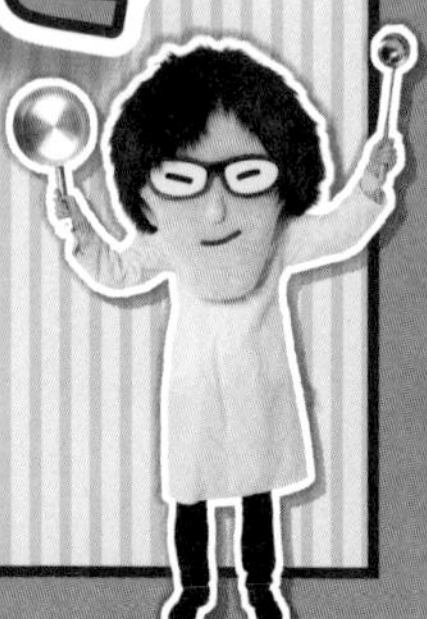

調理のコツを知って旨さ100倍！

なぜ？と考え方

「切る」「あえる」「加熱」などのひと手間をかける理由は、食材同士をむらなく融合させ、狙った味を出しやすくするのが目的です。

食材は細かく切ると口の中で唾液に溶け込みやすくなり、味覚を強く感じます。また、小さめに切ると口の中で味の濃さを調整しやすくなります。

また、何かの味を〝かける〟際は、かけた後にしっかりと〝あえる〟ことで、初めて出会うおいしさを発見できます。

加熱をすると、食材の組織が崩されて食材同士が融合し、よりなめらかな味になります。唾液に味の成分が溶けやすくなり、舌の味覚の受容体にアクセスしやすくなる利点も。

Chapter3では、「おかず＋甘味」の提案も多数。なぜなら塩味の旨味系おかずに甘味を足すと、日本人好みの（甘味・塩味・旨味）の味構成になるからです。

バタートースト＋納豆

43

納豆を食べるのが禁止の職業があり、その一つにパン屋があります。それは、納豆菌は繁殖力が強く熱にも耐性があるため、パンの不可欠材料であるイースト菌に悪影響を及ぼす大敵だからです。

ところがパンに納豆、合うのです！ ということで、パン屋では商品化しにくい「納豆パン」を作ってみませんか。

トーストした食パンにバターを塗り、添付のタレと辛子を好みで混ぜた納豆をオン。バタートーストのほどよい塩味・甘味・香ばしさに納豆の旨味・少しの苦味が加わると、味に一体感が出て納豆嫌いでも思わず手が出るほどのおいしさに。

シラス干し、刻みのり、おかか、ネギ、ゴマ、砕いたナッツ、粉チーズなど好きなものをトッピングしてもおいしく楽しい。

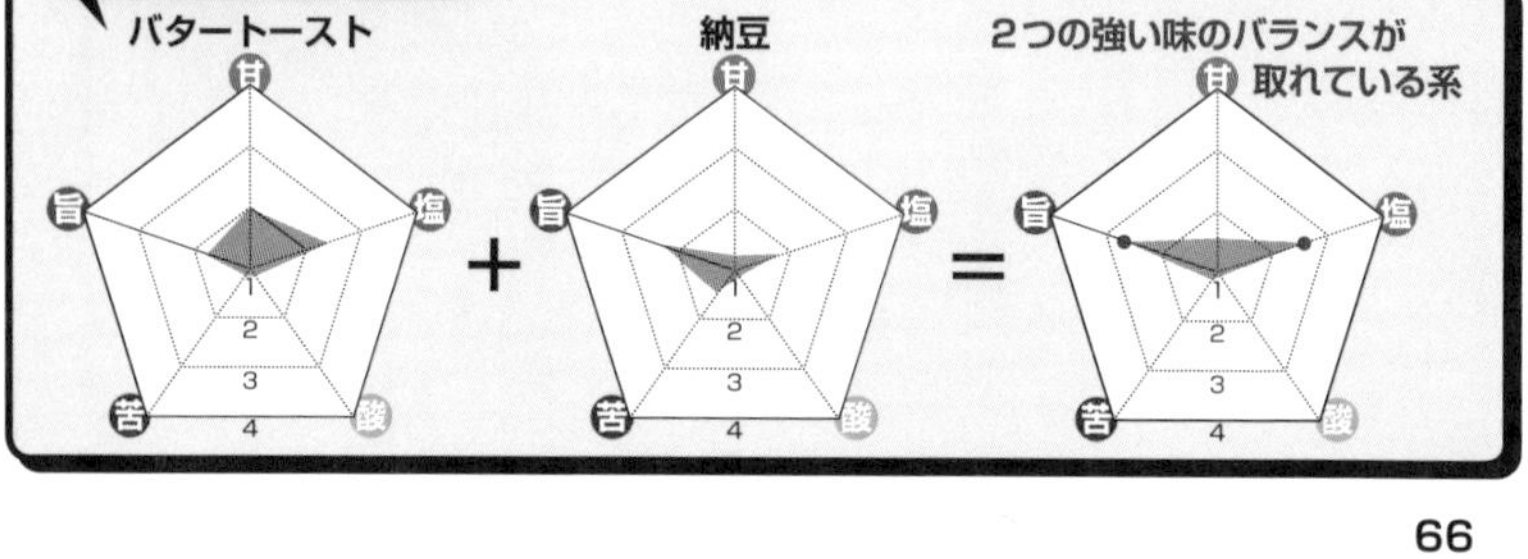

44 バタートースト＋焼き豆腐

少々大げさかもしれませんが、料理史上初の試みかもしれません。トーストしたパンに、なんと！　焼き豆腐をのせて食べるのです。作り方はこう。フライパンを温めて油をひき、水きりした木綿豆腐を入れて両面こんがり焼いたら、仕上げにしょうゆをひとたらしで香ばしさをプラス。これをバターかマーガリンをぬったトーストに思いきってどんとのせます。パンのほのかな甘味に焼き豆腐の旨味と塩味がこんなに合うとは！　と納得のおいしさ。お好みで甘めの味つけ海苔、カツオ節、溶けるチーズ、マヨネーズ、七味唐辛子などをトッピング。

「焼き豆腐トースト」の味覚センサー的なベストな味変は、ケチャップとスライスチーズをトッピングしたマルゲリータ風。甘味・酸味・旨味のバランスが絶妙です！

おいしくなるヒミツ

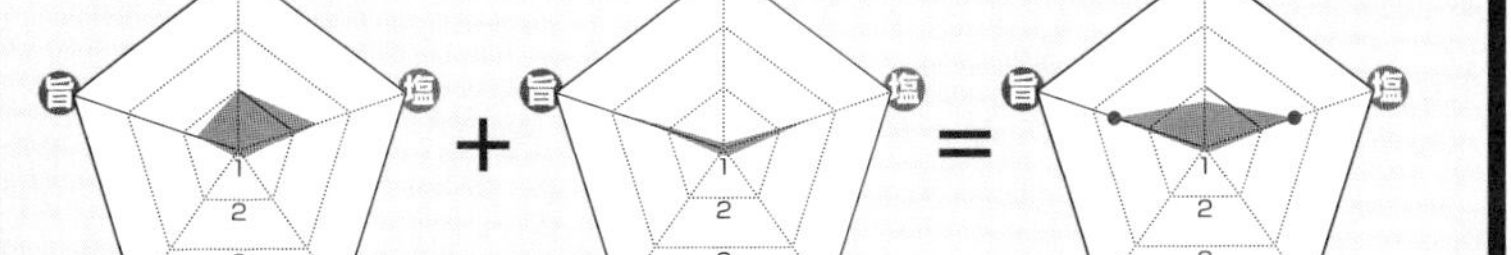

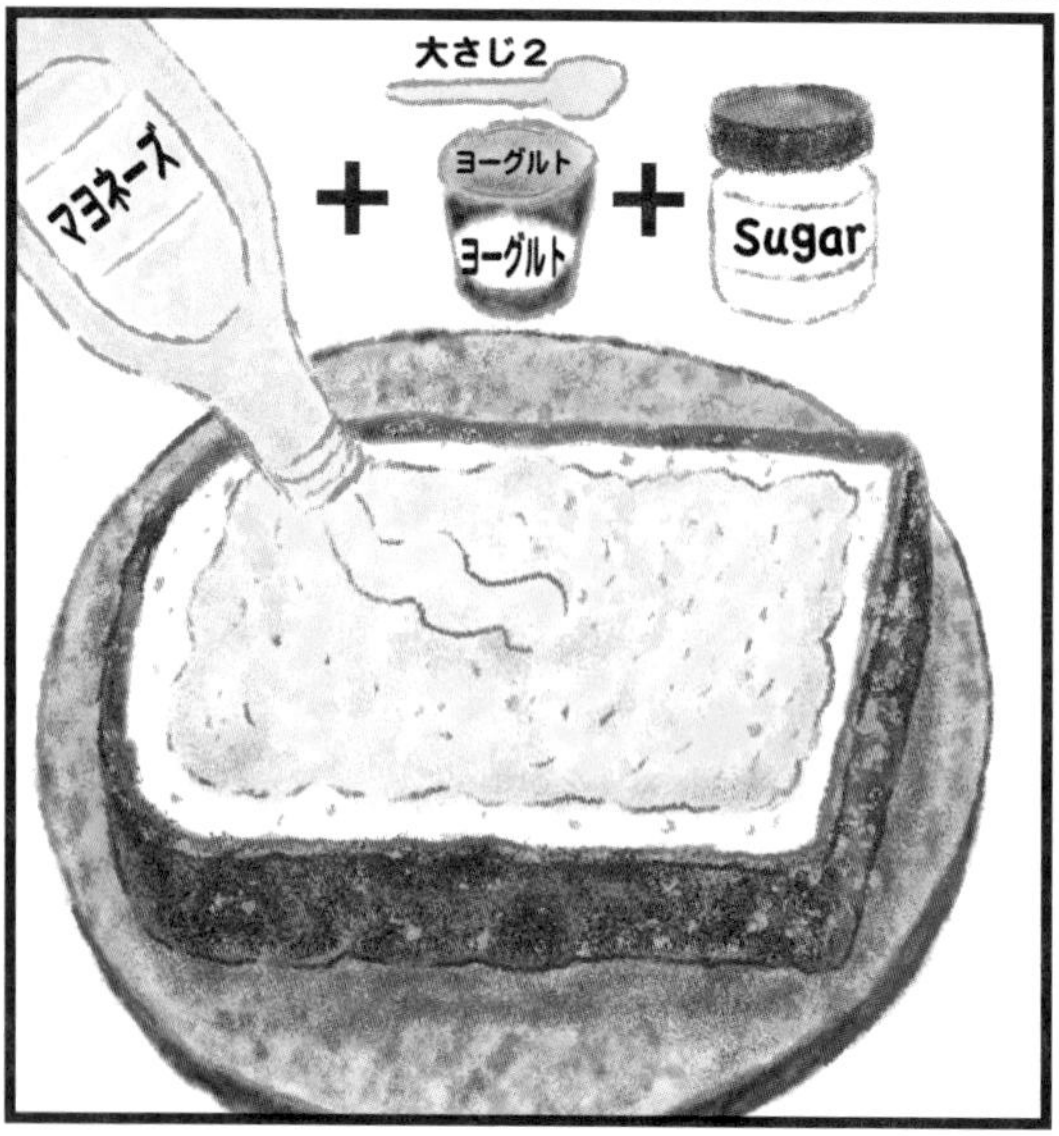

45

マヨネーズトースト＋砂糖

忙しい朝でも家にあるものですぐできる、やみつきになることうけあいのパンレシピをご紹介。作り方は、食パン1枚（6枚切りが味が全体にゆき渡りやすい）にマヨネーズ大さじ2をぬり、砂糖大さじ½を全体にふりかけます。準備はこれだけ。後はこんがりトーストするだけ。

　砂糖をかけて焼いたマヨネーズは、甘味で酸味がやわらぎ、クリームのような味でリピートしたくなるおいしさです。砂糖の代わりにはちみつをかけてもおいしい。

　このレシピはアレンジしやすく、パンにマヨネーズとプレーンヨーグルト各大さじ2をぬって、砂糖をかけてスライスチーズ1枚をのせて焼くと、こちらもあっという間に、チーズケーキのような「ヨーグルトマヨトースト」になります。

おいしくなるヒミツ

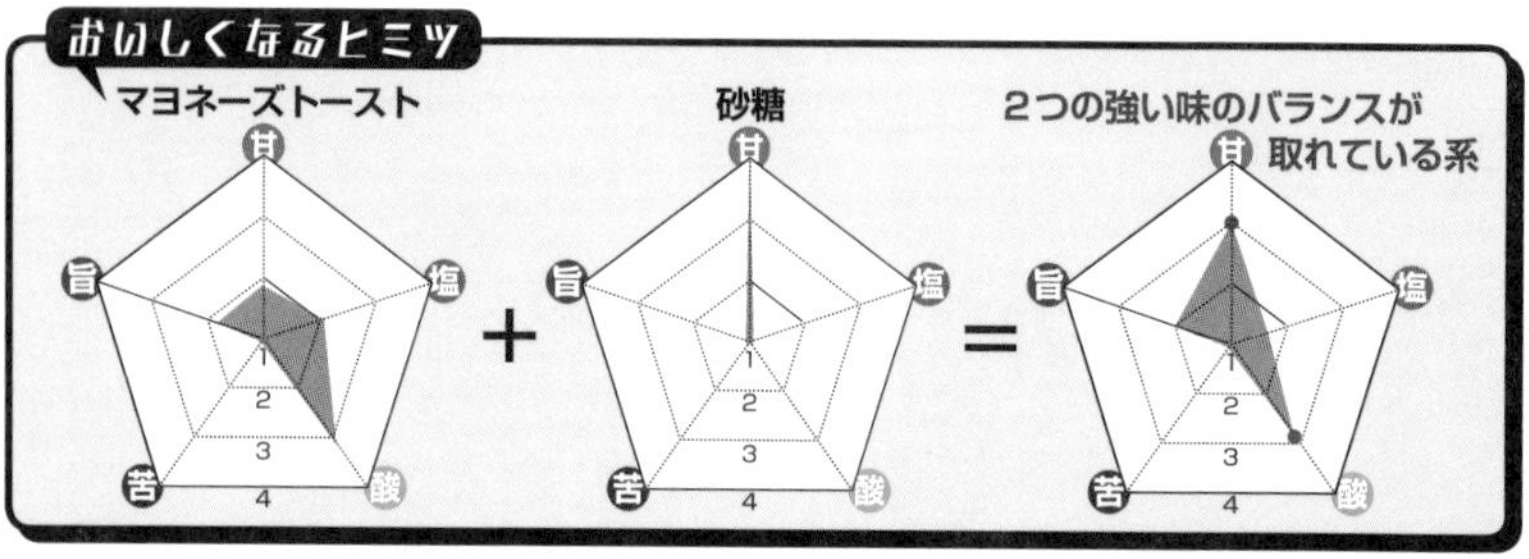

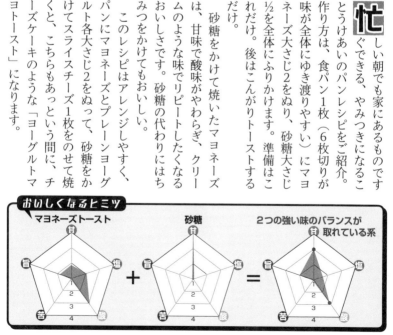

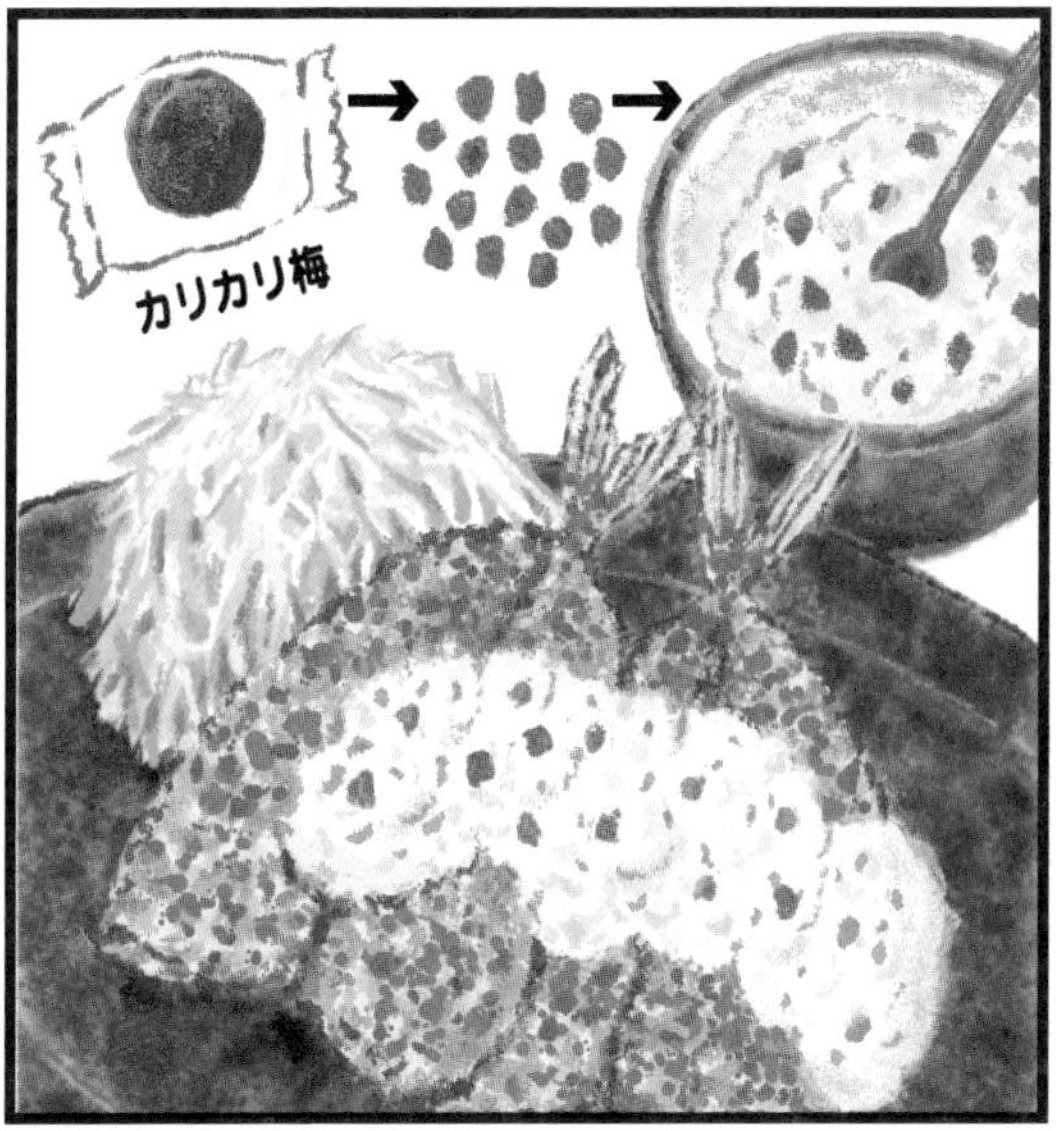

46 マヨネーズ＋カリカリ梅

カキフライにエビフライとくれば、ちょんと脇に添えられているのが、刻んだピクルスや野菜、ゆで卵などが入った、おなじみのタルタルソース。洋食店では自家製マヨネーズにピクルスを混ぜることが多いようですが、和食店ではしば漬けを混ぜて赤紫の色も鮮やかな和風タルタルソースが人気だとか。これにヒントを得たのが柴漬け同様、赤ジソで漬けたカリカリ梅の活用。

マヨネーズ1：刻んだカリカリ梅1の割合で混ぜるだけですが、マヨネーズの油っぽさが梅の酸味で後味さっぱり、色がきれいで食感も楽しいアクセントになります。マヨネーズの旨味、酸味にカリカリ梅の酸味、塩味が補われることで、おいしさがアップ。フライのほか、「チキン南蛮」や「鶏肉のグリル」にも合います。

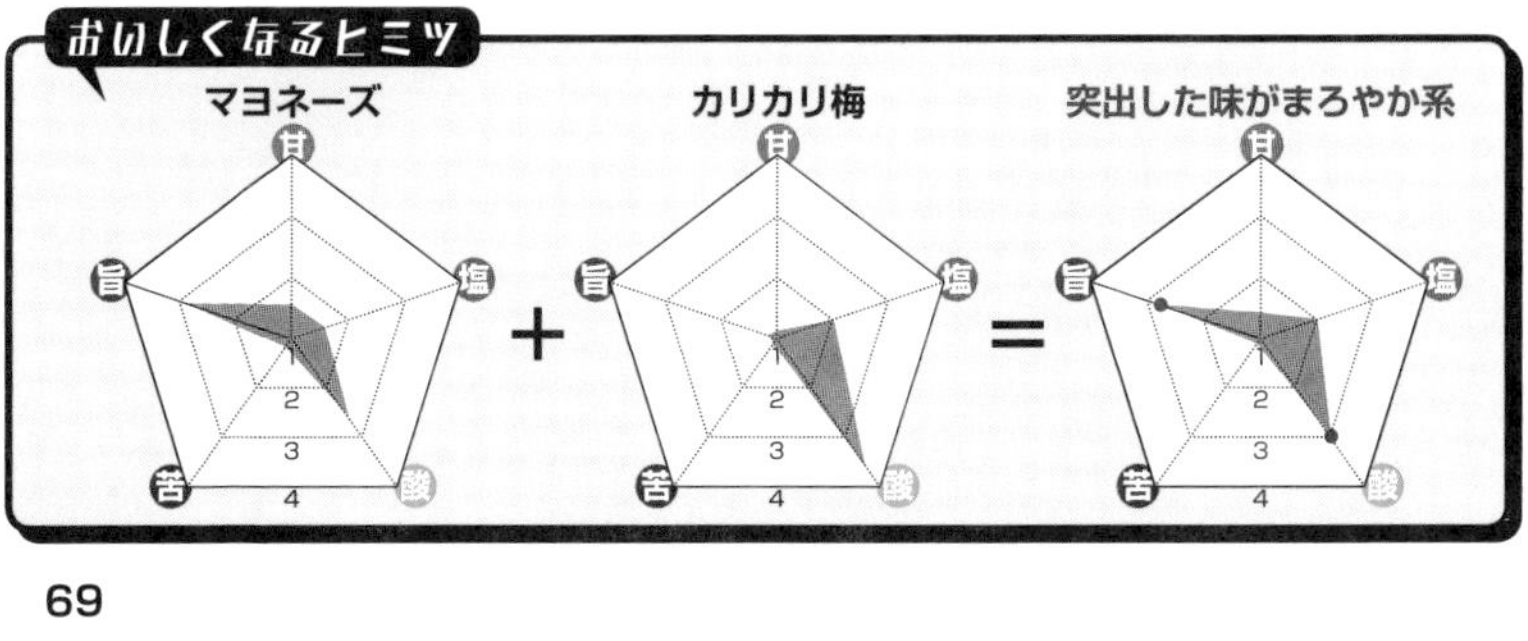

47 クリームチーズドライフルーツ+花山椒

近頃、巷で人気の万能つまみは「クリームチーズドライフルーツ」。これは室温に戻したクリームチーズ200g+プルーンやイチジクなど甘みの強いドライフルーツ80gの割合で混ぜてラップで棒状に包み、冷やし固めて作ります。適当な大きさに切り、そのまま皿に盛って食べてもおいしいのですが、切り口の上に粒または花山椒を数個のせると、甘味・酸味・辛味が絡んだ複雑で奥行きのある味になります。

クラッカーやバゲットにのせれば、ボディのしっかりした赤ワインにも合います。

ビール派には、レーズンやベリー類のドライフルーツに粉山椒を少々ふる超簡単つまみもおすすめ。

山椒は小粒でもピリリと辛い。少量でもインパクトのある味に大変身です。

おいしくなるヒミツ

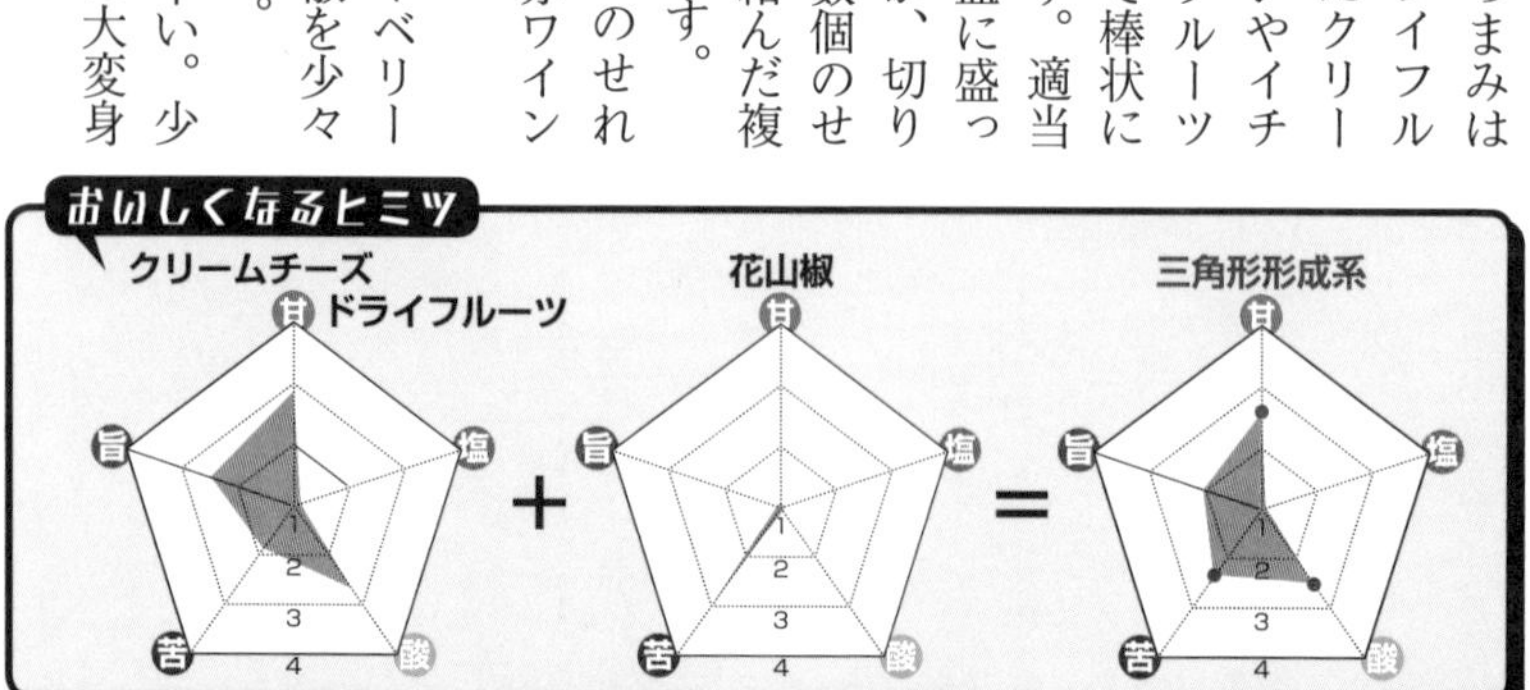

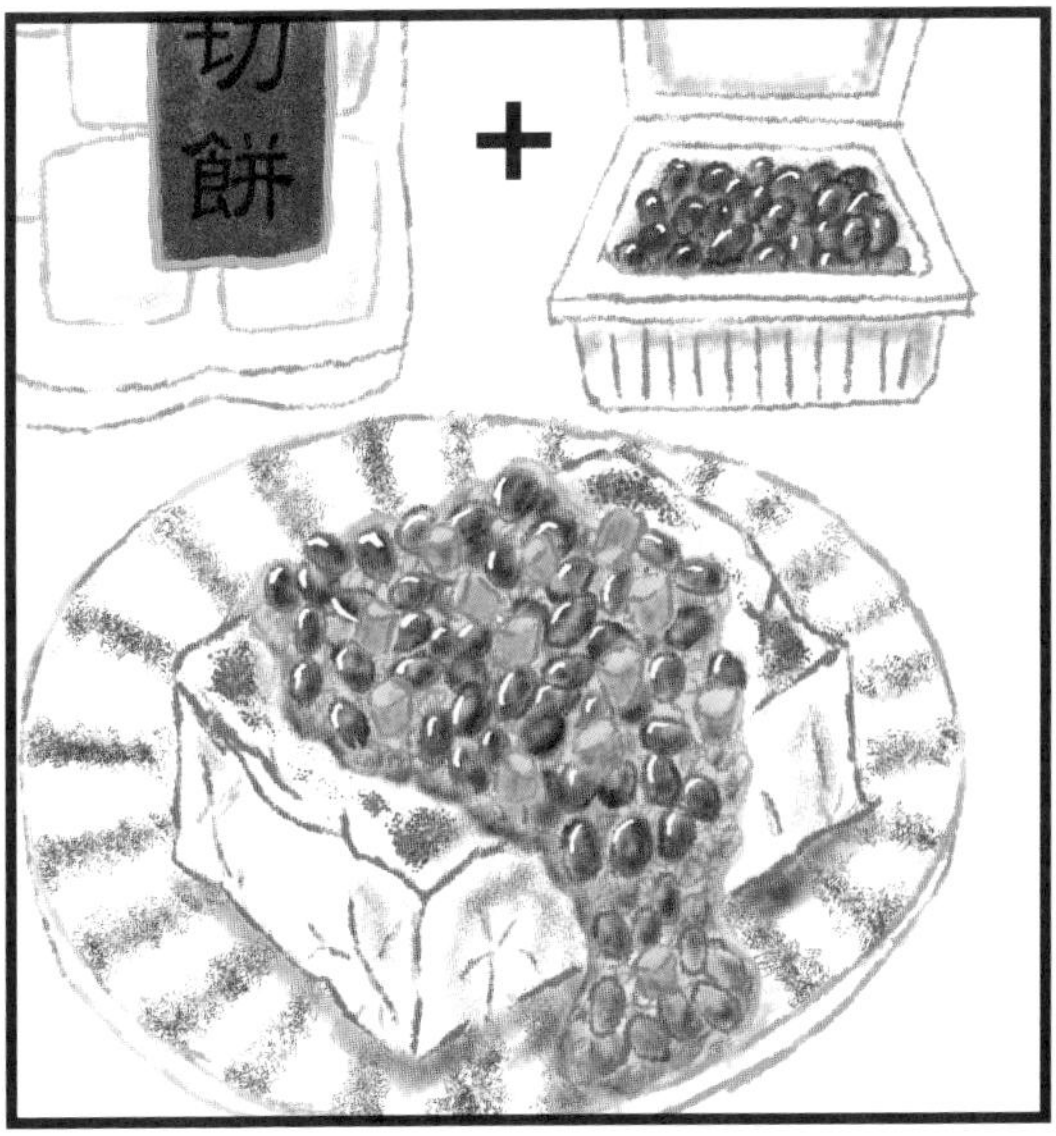

餅＋納豆（ネギ＆醤油）

48

東北各県でおなじみの、餅に納豆をからめる「納豆餅」。餅の甘味と、納豆の旨味・塩味が合わさるとコクがアップします。

餅の甘味を堪能したい場合は、レンジでチンしてやわらかにし、刻みネギを混ぜたネバネバ納豆をダーッとかけるのがおすすめ。

好みでおろしショウガや大根おろしを混ぜてもよく、薬味が舌を刺激し、さっぱりと飽きずに食べられます。

少々ビターな味を好むなら、トースターでこんがり焼いた餅に、レンチン餅派同様のトッピングでどうぞ。苦味が少々出る焼き餅は、砂糖醤油の甘めな味つけも好相性。

刻んだたくあんを入れると食感が楽しく、味にメリハリも出ます。レンジ加熱餅は甘味が強いので、砂糖は不要です。

おいしくなるヒミツ

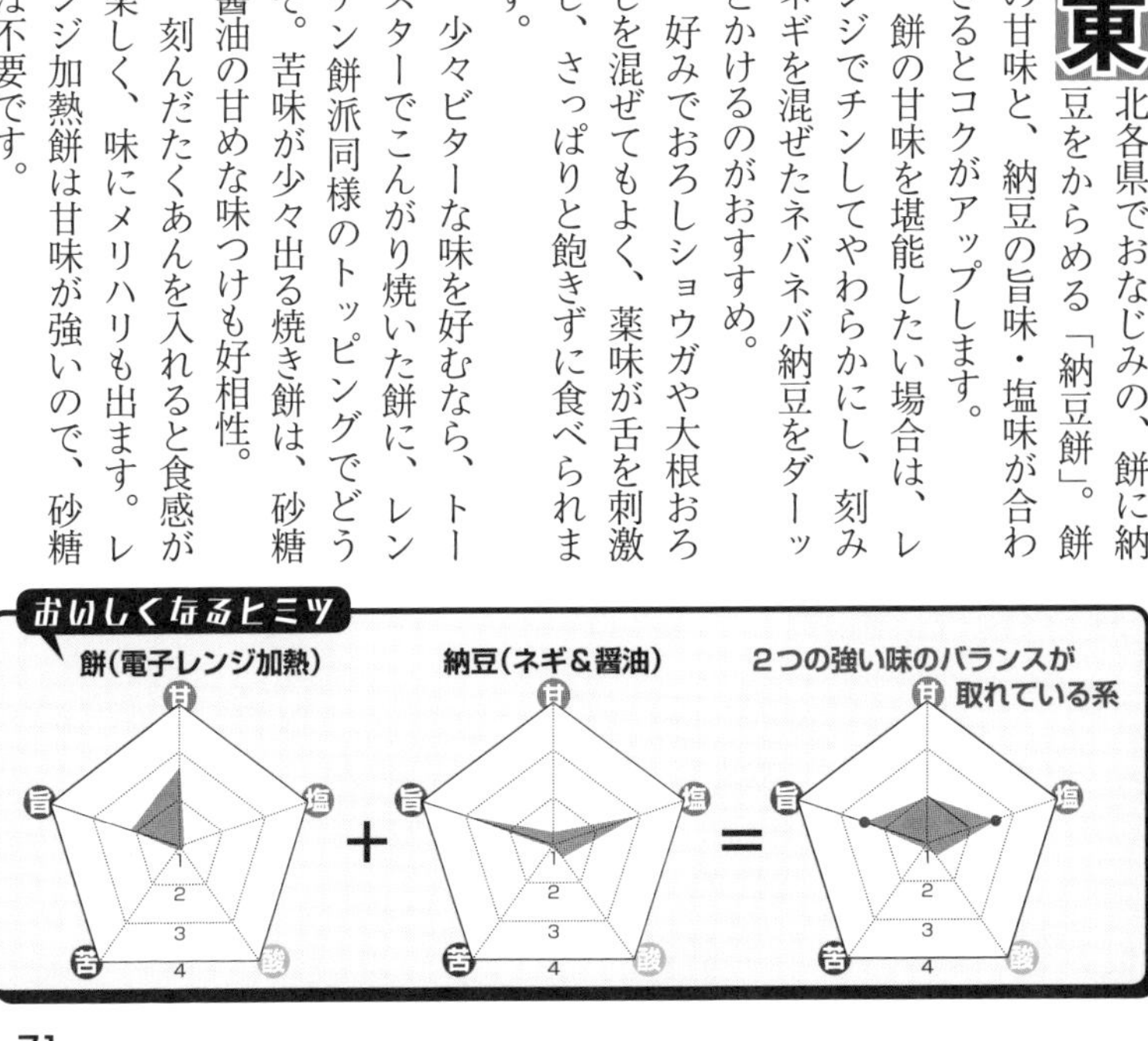

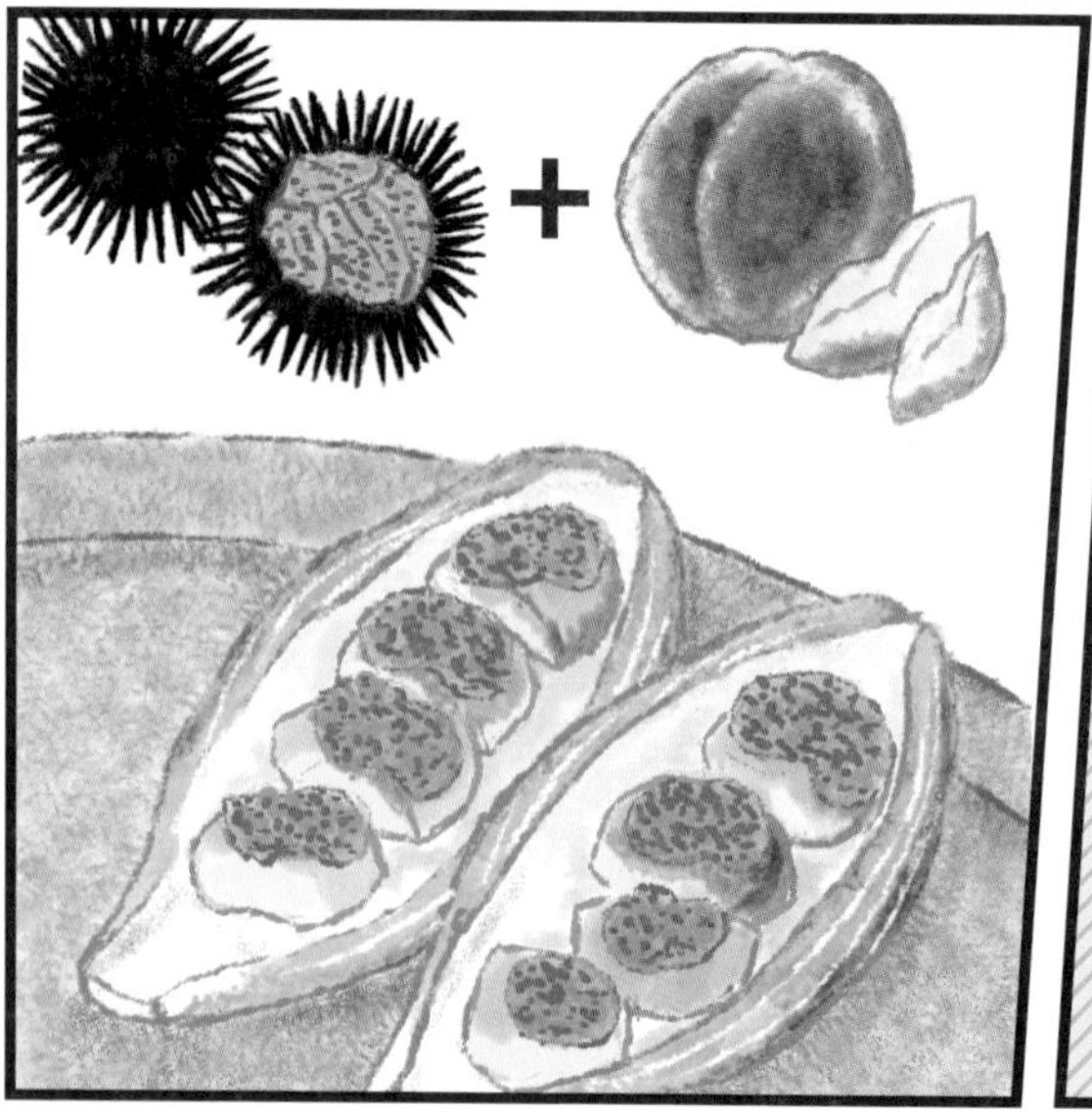

49

ウニ＋桃

海の旨味がギュッと凝縮されたいえる存在。ウニは、夏の味覚の王様とも同じく夏が旬のフルーツの女王格には桃があります。昔から同じ季節にとれる食材どうしは出会いの味といって相性がいいと言われています。そこでウニと桃のマリアージュ。作り方は、皮をむき、さいの目に切った白桃に同量の生ウニをのせるだけ。桃のジューシーな甘みとウニの濃厚な旨味の相乗効果で、何か特別な調味料でまとめたような調和のとれた旨味が口の中に広がります。よく冷えたスパークリングワインや、辛口の日本酒によく合います。

ちなみに、桃もウニも生の新鮮なものでこその美味。缶詰や瓶詰製品は塩味や糖分が添加されて味が濃すぎたり、フレッシュな旨味に欠けるので、この料理には避けましょう。

おいしくなるヒミツ

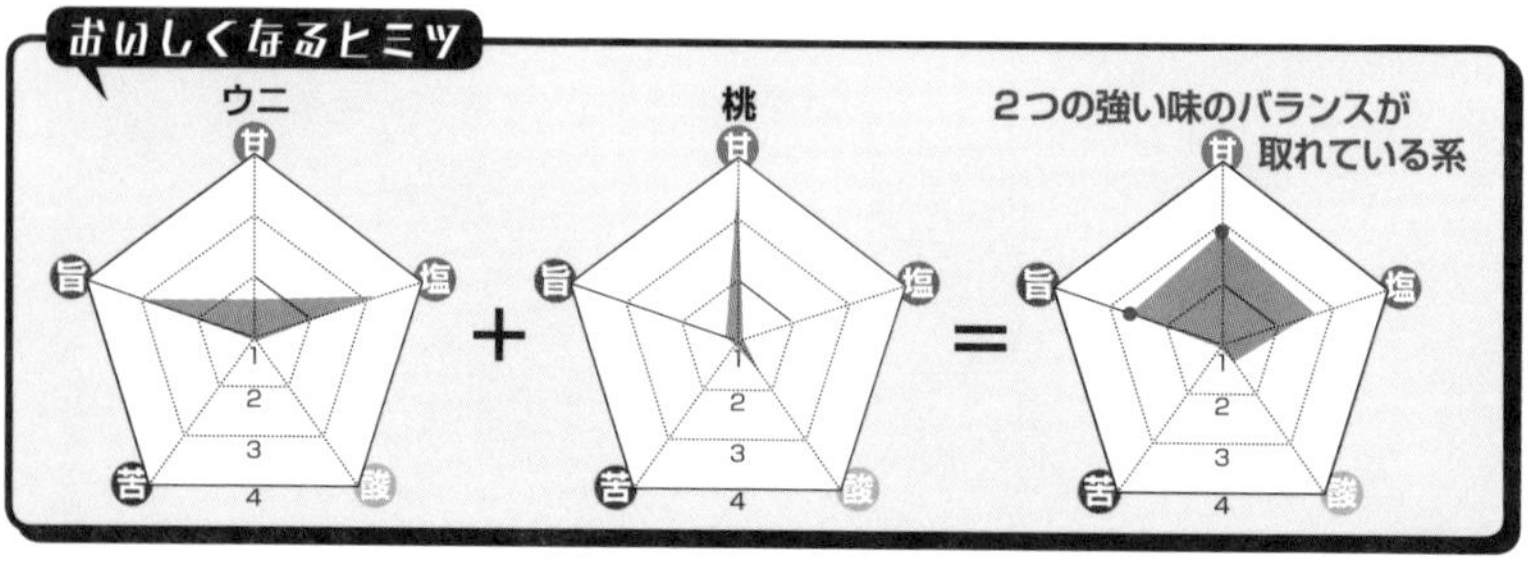

ホタテ貝柱＋グレープフルーツ

50

イタリアンでおなじみのカルパッチョは、ドレッシングにレモン汁をよく使いますが、今回のいち押しはグレープフルーツ。相棒はホタテ貝柱（刺身用）で、グレープフルーツの甘酸っぱさとホタテの旨味がほどよくフィットし、ランクアップした味わいに。作り方は横半分に切ったホタテ1枚につき、グレープフルーツの果肉を1㎝角に切って2個ほどのせ、オリーブ油をたらり。黒コショウやピンクペッパーをかければ風味もアップ。格好の酒肴としてスッキリ系のジントニックやシャンパン、白ワインなどに合います。

和風ならホタテをフライパンで両面さっと焼くか、バーナーであぶり焼きし、甘みの強い伊予柑やデコポンの果肉をのせてバルサミコ酢をかけ、貝割れ菜をのせて完成。焼酎や日本酒に合います。

おいしくなるヒミツ

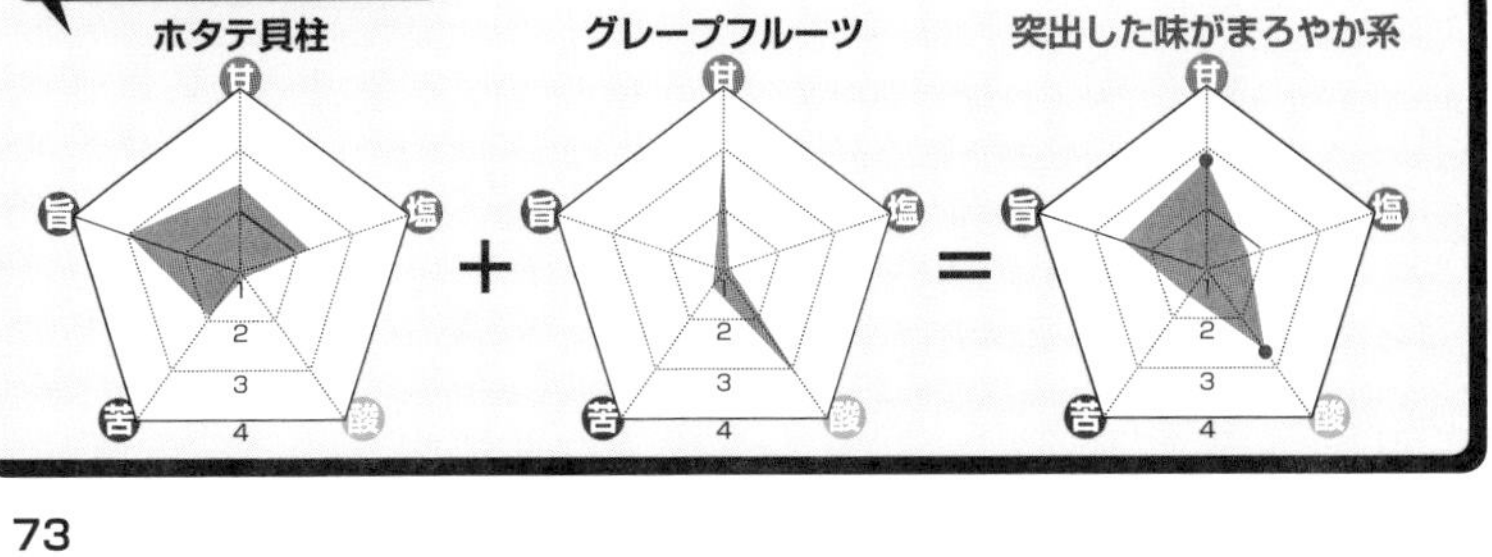

トマト＋パイナップル

51

トマトとパイナップルのドッキング？　味の想像がし難いかもしれませんが、食べて納得、よく合います。トマトの酸味と青臭さ、口の中でやわらかくつぶれる食感がパイナップルの強い甘味と酸味に作用し、新感覚フルーツのような、出会ったことのない味に生まれ変わります。味つけはシンプルにオリーブ油と塩だけ。油と塩味の加入でコクが出て味がまとまり、トマトとパイナップル双方の甘味、酸味が引き立ちます。作り方は、一口大にカットしたトマトとパイナップルにつまようじを刺してピンチョス風にするだけ。このサラダには脂も塩味もあるロースハム、生ハムなどをトッピングしてもよく、また、パイナップルは冷凍でも缶詰でもOK。やや酸味不足ですが、パイナップルの代わりにマンゴーも使えます。

おいしくなるヒミツ

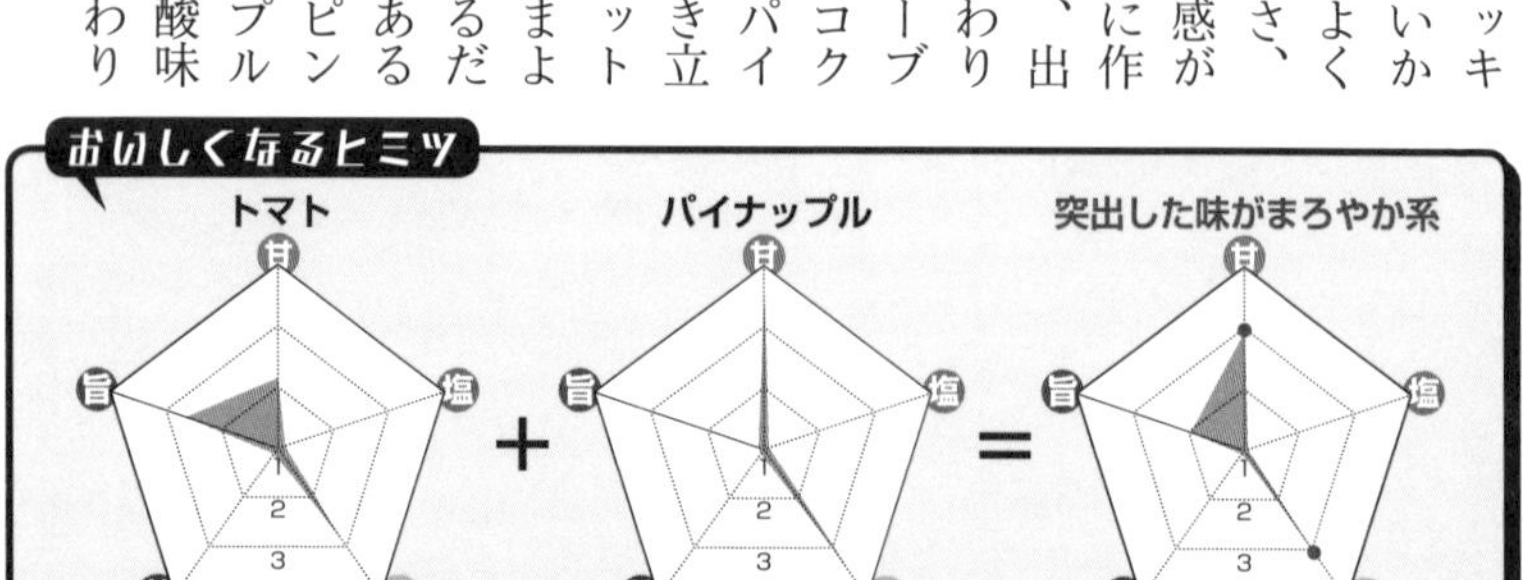

52 明太子＋りんご

旨味と辛みが絶妙な明太子。熱々ご飯にのせて食べるのもおいしいけれど、あえ衣としても最適。まずは明太子２腹分をほぐし、細切りにしたりんご１個とパパッとあえるだけ。りんごの皮をむけば、明太子のぷちぷち食感が感じやすくなります。明太子の塩辛味とりんごの甘酸っぱさが互いに旨味を出し、かけ算式のおいしさに。もしりんごがなければ、イチジクでもＯＫ。ポイントは甘味の強い果物を選ぶこと。さらにマヨネーズを大さじ½ほど混ぜるとよりまろやかな味に。このマヨあえは、トーストしたパンにはさんでもおいしい。果物ではありませんが、さっと塩ゆでしたモヤシを冷まして、塩少々をふり、ほぐした明太子１腹分とあえ、味つけ海苔をちぎってのせてもなかなかおいしいのでおすすめです。

おいしくなるヒミツ

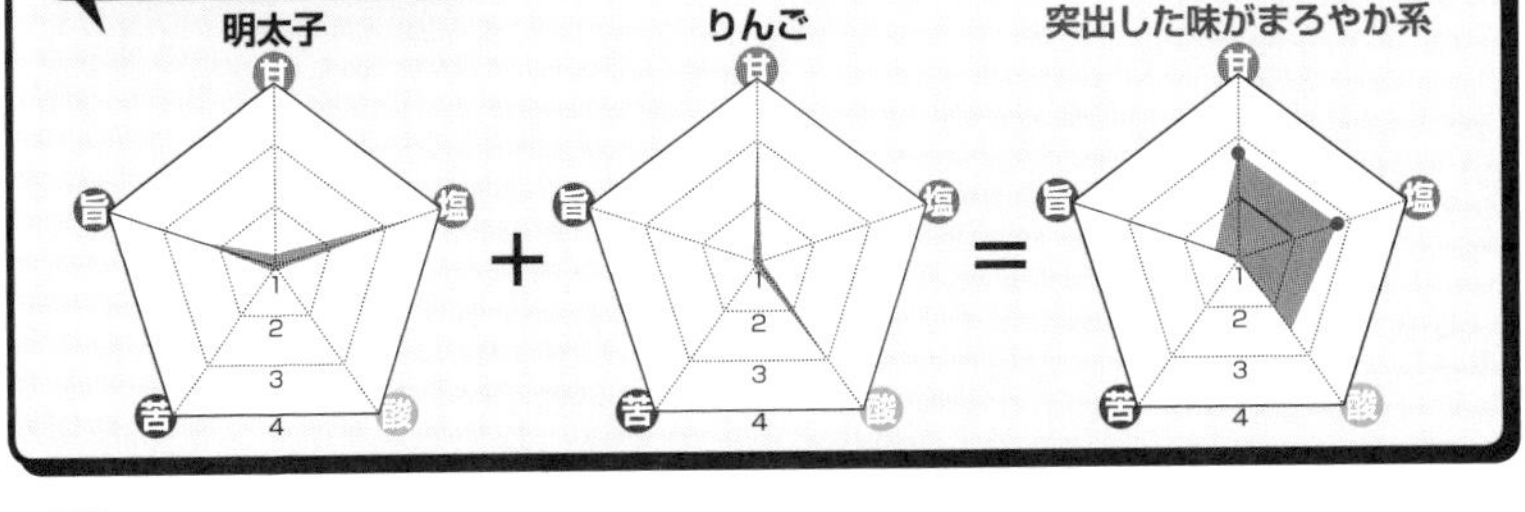

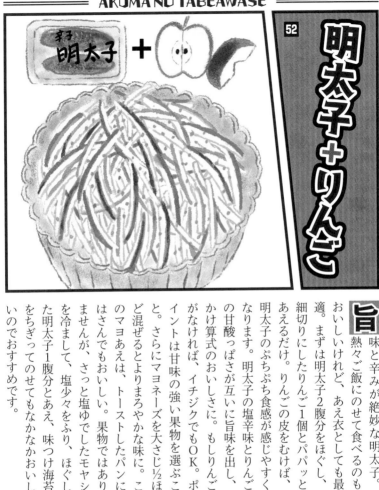

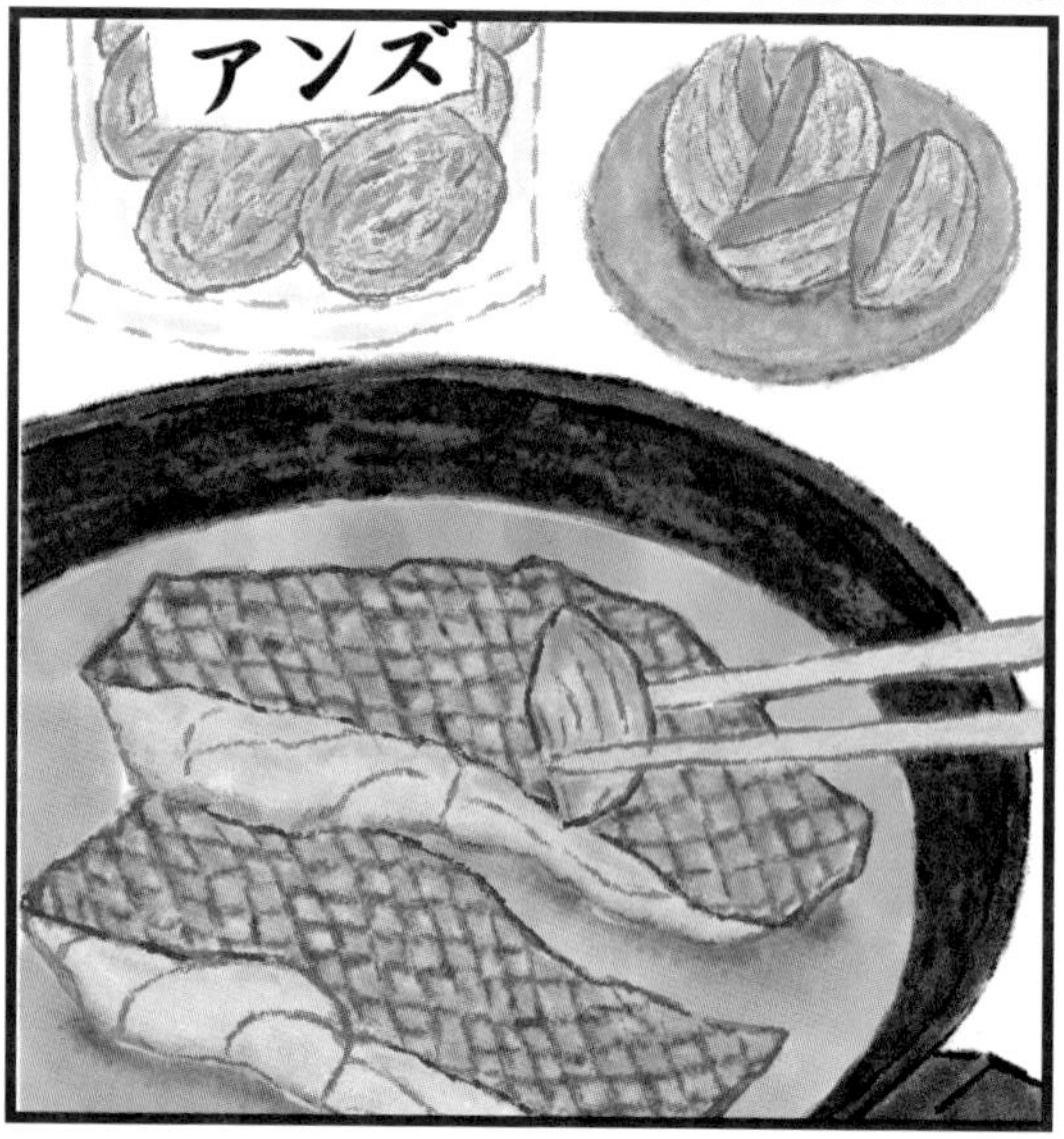

魚の煮つけ＋ドライアンズ

53

「魚の煮つけ」はヘルシーな和食には欠かせませんが、若い人たちには人気がいまいち。そこで一案。いかにも和食な「魚の煮つけ」を、少しエスニックな味に変える人気挽回作戦です。その仕掛け材料はドライフルーツ。例えば鯛、キンメ鯛など白身魚で作る煮つけには甘酸っぱい味のドライアンズがよく合います。分量は魚1切れにアンズを2個程度。調味料、魚といっしょに普通に煮魚を作る要領で煮ます。魚とだしの旨味・塩味にあんずの酸味・甘味が融合するとコクが増し、和食の味のイメージが一変、こじゃれたアジアン料理に変身です。

器に盛り、好みで黒コショウをふったり、パクチーなどのハーブを添えれば、気分の上がるメイン料理のでき上がり。甘いのが苦手なら、調味料の砂糖やみりんで調節を。

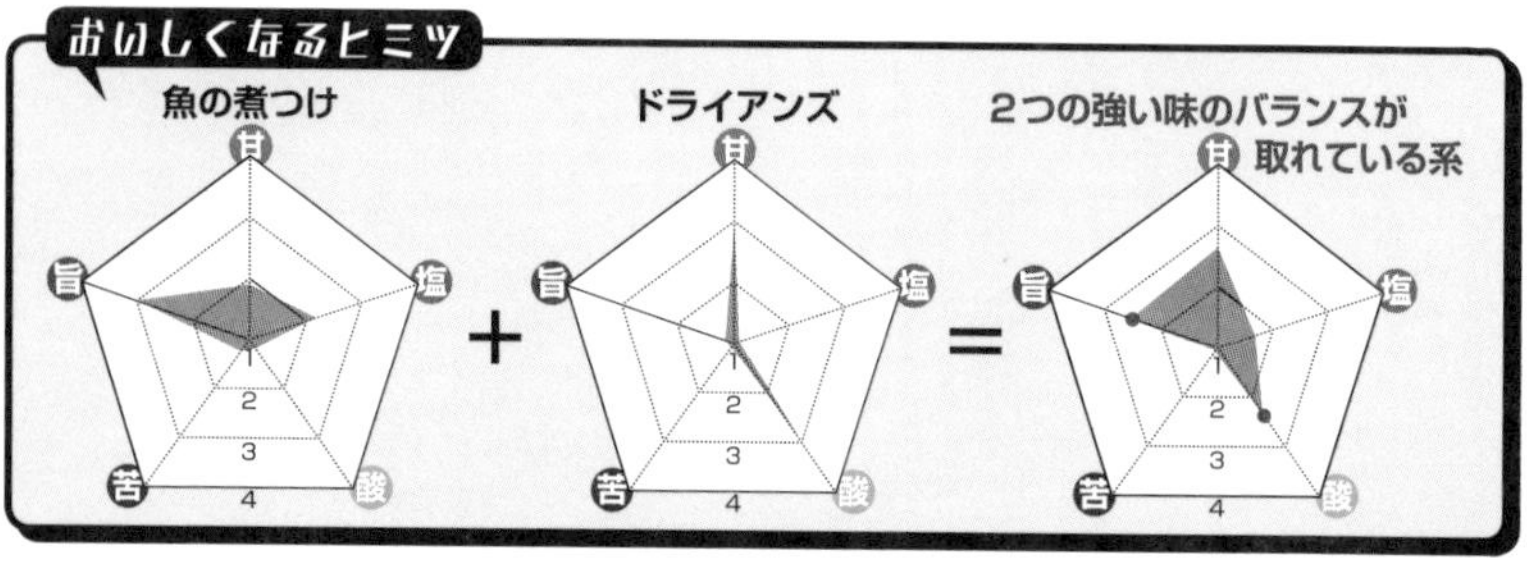

54 サンマ塩焼き＋梨

「サンマの塩焼き」には大根おろしを添えるのが定番ですが、ここでのおすすめは梨。皮をむいてすりおろした梨を、焼きサンマにのせていただきます。サンマのほろ苦い旨味・塩味に、梨の酸味・甘味が加って双方のおいしさがアップします。梨の食感を楽しみたい方はみじん切りがおすすめ。梨の酸味は魚特有の臭みを消す作用も。ちなみにしょうゆは不要、ピンクペッパーやバジルなどを添えればしゃれた前菜に。

梨よりは甘味少なめですが、りんごの皮をむき、すりおろして添えても、ほどよい酸味の甘い大根おろしのような味に。りんごの変色はしょうゆをかければ気になりません。

甘味が苦手なら、トマトのみじん切りにオリーブ油を少々混ぜて添えても。酸味が効いてしょうゆなしでも十分おいしい。

おいしくなるヒミツ

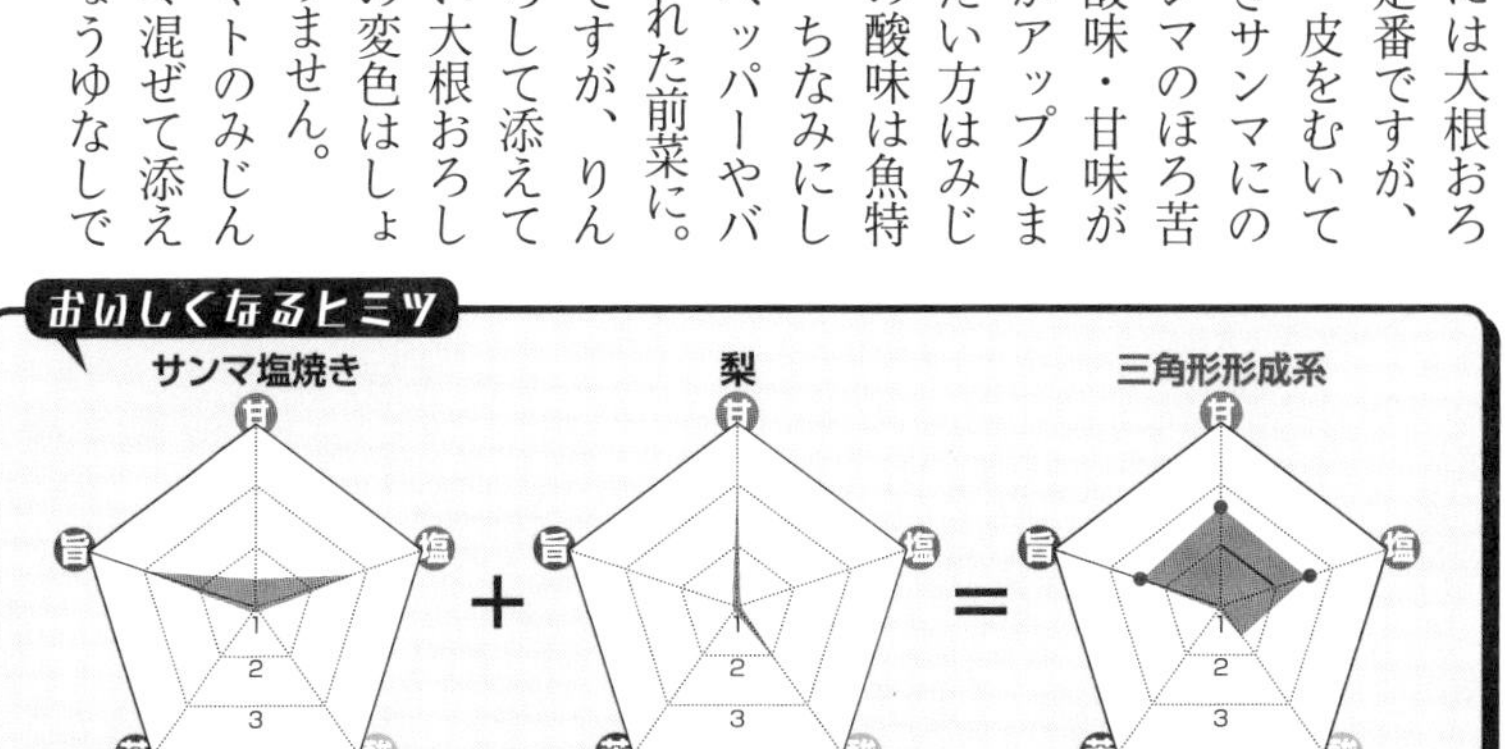

ぶどう＋大根おろし

55

大根にはジアスターゼなどの消化酵素を豊富に含みます。この酵素は熱に弱いため生食が効果的。すりおろして焼き魚やハンバーグに添えるのがおなじみですが、ここでは果物とのあえ物をご紹介。実は江戸時代の料理書にある「はじき葡萄《ぶどう》」は大根おろしとぶどうのコラボ料理。皮と種をとったぶどうに、大根おろしとゆでた菊の花びらを合わせて酢じょうゆをかけるというもの。実際には巨峰2：大根おろし1の割合がいい感じ。ぶどうの甘味と大根おろしの苦味が調和した爽やかな味は前菜の小鉢に最適。「はじき葡萄《ぶどう》」は酢じょうゆ味ですが、何も加えずそのままのほうが爽やかな味が楽しめます。最近人気のシャインマスカットは甘いのでおすすめできません。ぶどうの他キウイも大根おろしと好相性です。

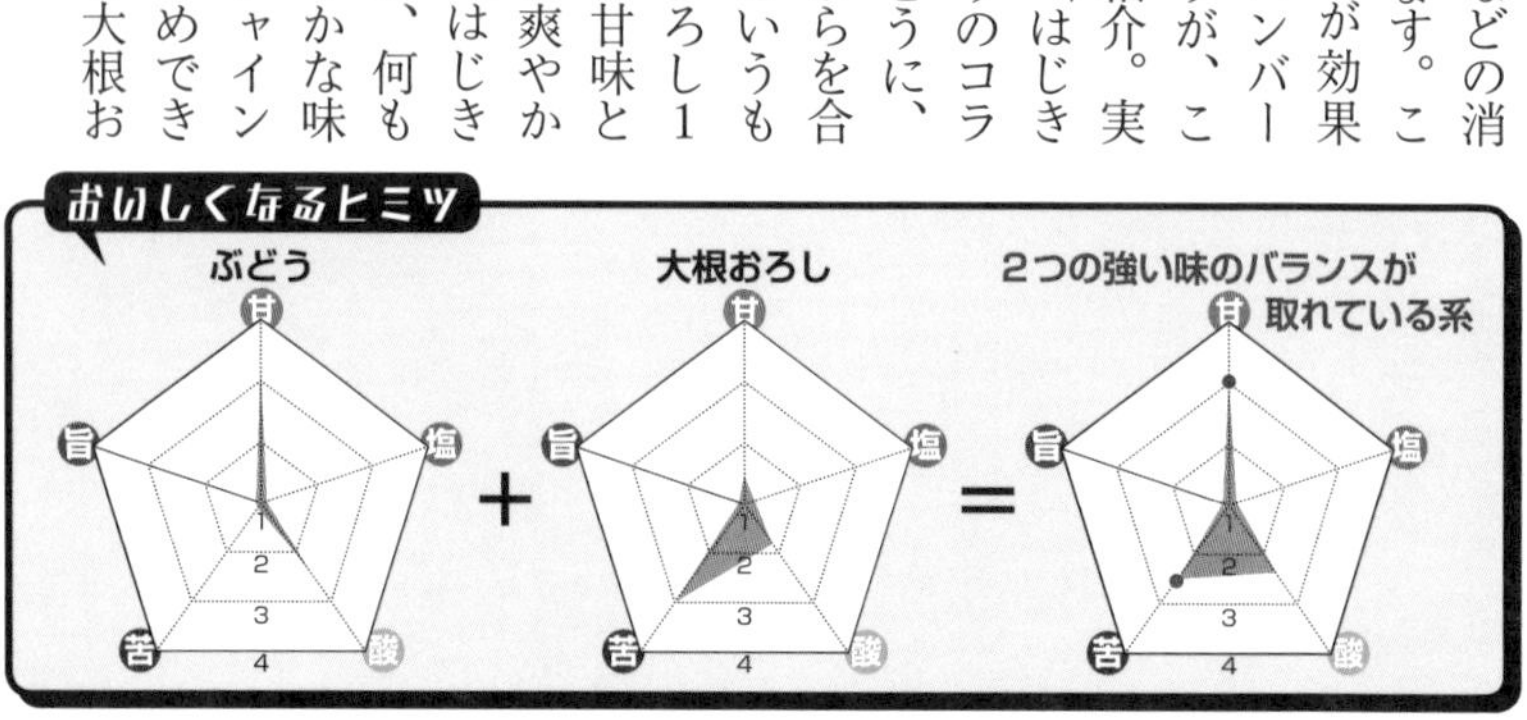

56

豚バラ肉＋イチジク

イチジクは花が外から見えないまま実がなるため、漢字で「無花果」と書きますが、実は私たちが食べている部分が花。バナナのように皮をむき、乳白色の果肉をパクっとかじるのが王道。でも、今回のおすすめは、皮をむいて4等分したイチジクに豚バラ肉を巻き、塩、コショウしてフライパンでカリッと焦げ目がつくまで焼く方法。調味した豚バラ肉の塩味・旨味にイチジクの甘味・酸味が絡むと、肉の塩味と脂っこさが抑制されてコクがあるのにさっぱり上品な味わいに。さらに仕上げに、しょうゆとバルサミコ酢をジュッとひと回しすると、メリハリのついた美味完成。

ハレの日は、豚バラ肉を牛バラに変えて赤ワイン煮にし、食べる時にサワークリームかけるとごちそうになります。

おいしくなるヒミツ

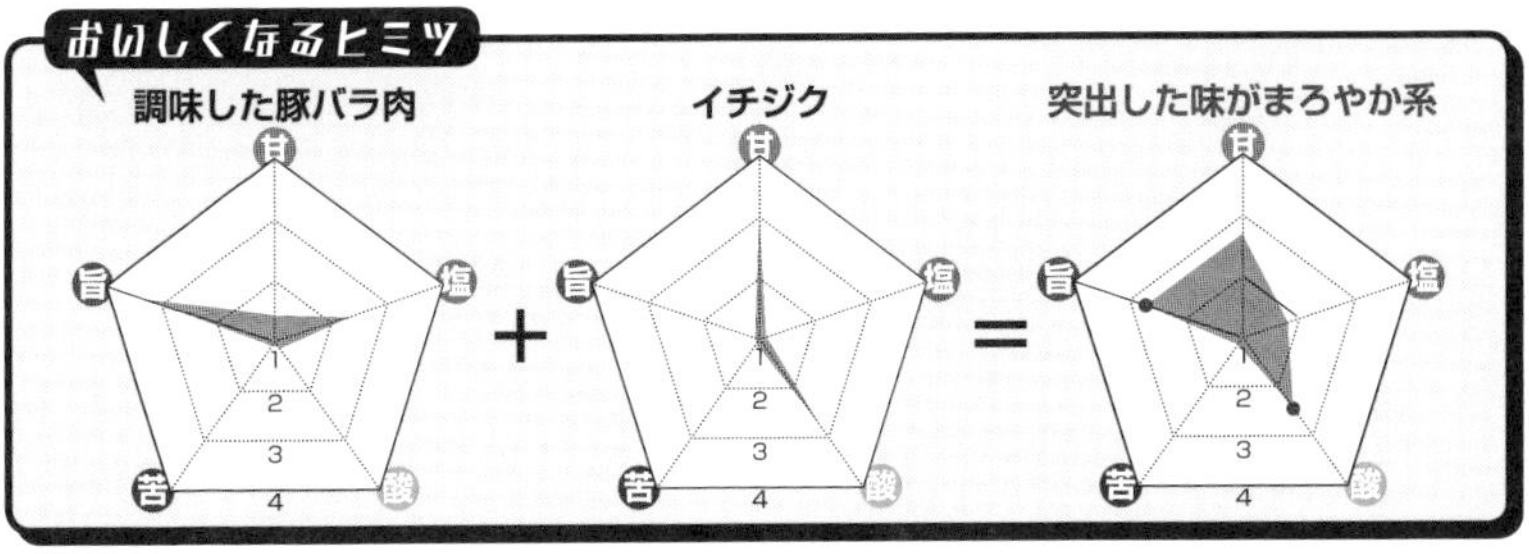

57

すき焼き+レモン

ちょっといい肉が手に入ったから今日はすき焼きにしよう！　こんなシーンでのサシの入った霜ふり肉はおいしいのですが、脂もたっぷり。せっかくのごちそうなのに胃がもたれて食べたいけれど食べられない。そんな悲しい胃弱なあなたに朗報！　意外なアイテムを投入です！　それはレモン。皮をよく洗い、5㎜程度の輪切りにして2切れほど鍋に入れますが、入れるタイミングは最後、煮込むのはNGです。味変アイテムとして、溶き卵にレモンを入れるのもあり。レモンの酸味と香りで、いっとき口中に清涼感も。同じくさっぱり感を足すために、溶き卵に細かい角切りのトマトを入れるのもおすすめです。卵の旨味にトマトの食感、酸味や旨味も加算され、牛肉の旨味がピークに達します。新時代のすき焼きの登場です。

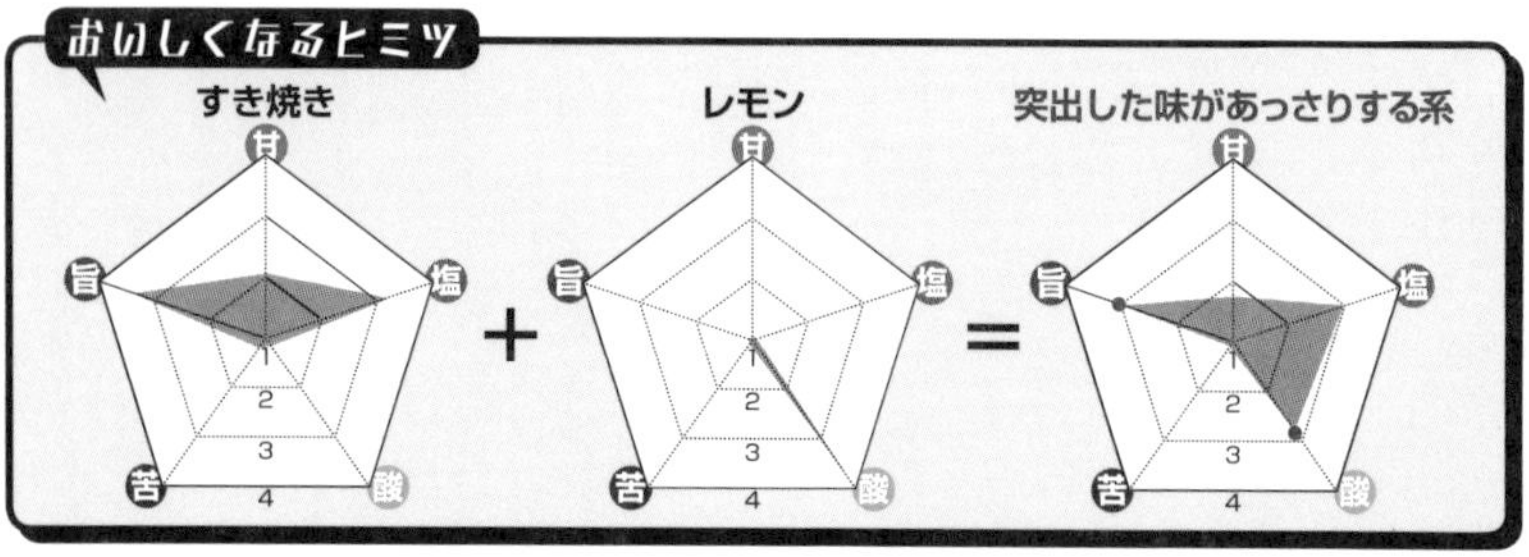

58 マグロ＋ドライマンゴー

水分が抜けてフルーツの甘味と酸味がギュッと凝縮されたドライフルーツ。食べ方の好みはいろいろですが、プラス刺身をぜひ試してほしい！　ドライフルーツの甘味が刺身の旨味と出会い、調和のとれた目にも舌にも新感覚の味になります。特におすすめはドライマンゴーのせん切りを、薄く切ったマグロの刺身で巻き、塩・オリーブ油・バルサミコ酢各少々をかける食べ方。マグロは炙ればスモーキーな旨味も加わります。同様の食べ方で、「鯛の刺身＋ドライアップル」も好相性。いずれも砕いたクルミを散らせばコク旨になり、柚子コショウの塩味とピリリの辛さを添えるのも絶妙なアクセントに。ワインや冷酒によく合う格好の肴になります。ドライフルーツが甘すぎたら熱湯をかけ、水けをきって使います。

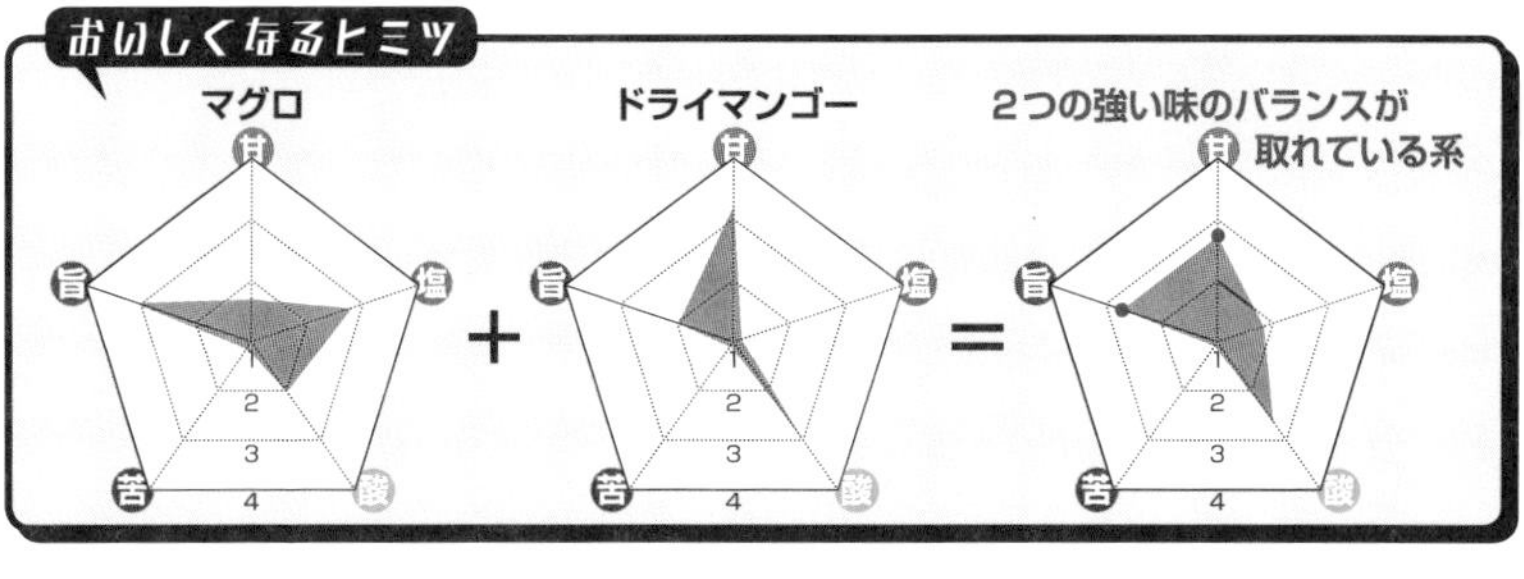

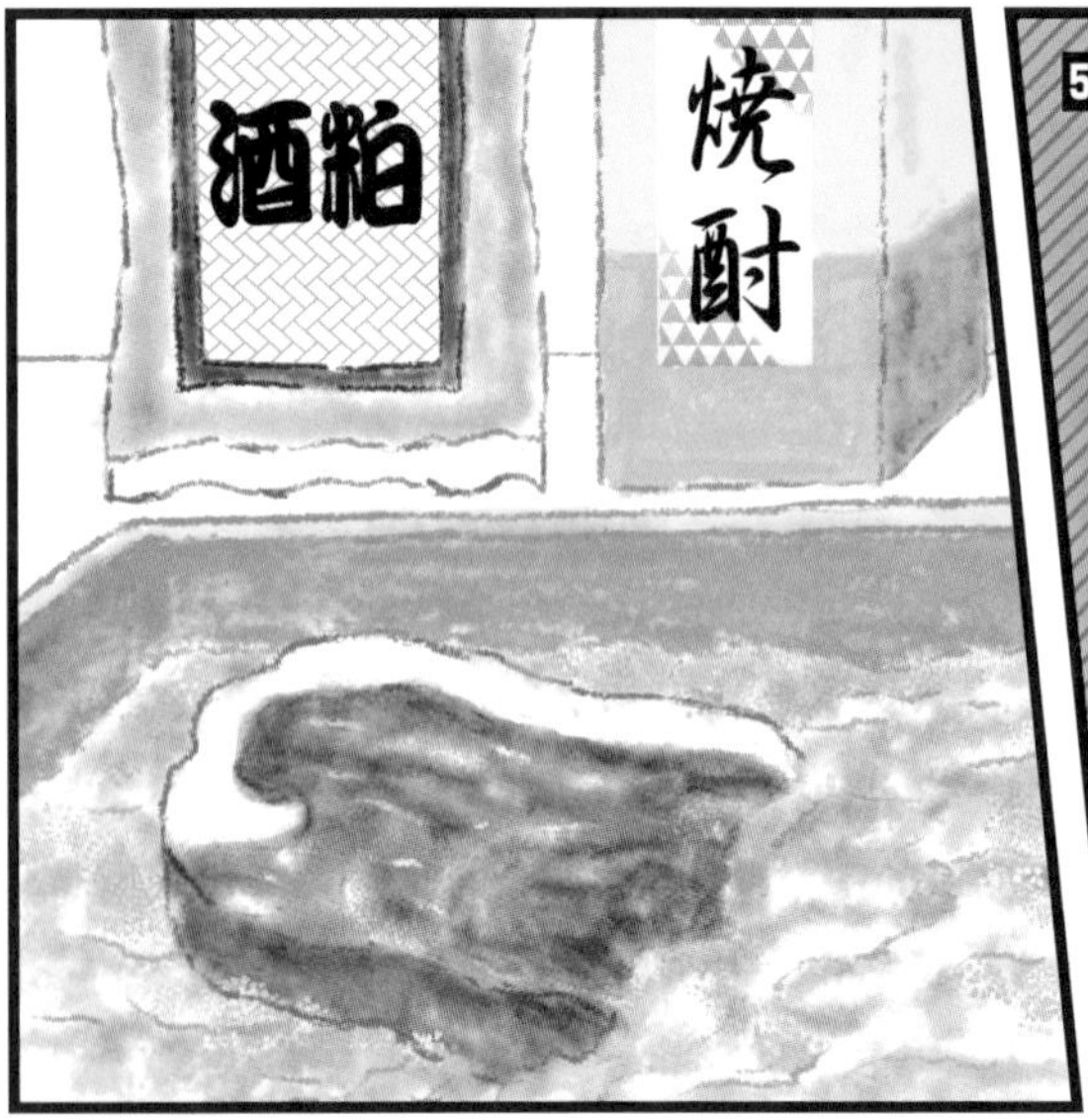

59

豚バラ肉＋酒粕

豚バラ肉のバラは腹のこと。腹側から脂肪質にかけてのカット肉をいい、ベーコンやソーセージの原料に多用される部位。肉質はやわらかで、旨味も多いが脂も多く、そのまま調理すると脂でギトギトに。

そこでおすすめなのが酒粕漬け。まずは粕床を作ります。耐熱容器に酒粕100g、焼酎などアルコール度数が高い酒50㎖を加え、600Wの電子レンジで40秒ほど加熱。少し温めると酒粕に含まれる酵素が活発に働きます。これで粕床は完成。後は水けをふいた豚バラ肉を30分ほどつけ込むだけ。酒粕の少し酸味のある味は、唾液の分泌を促し、肉の脂っぽさを緩和する効果も。加えて酒粕の吟醸香は豚肉の臭みを消して旨味を引き出します。フライパンでそのまま焼いたり、野菜といっしょにしょうゆ味の和風煮物などにも。

おいしくなるヒミツ

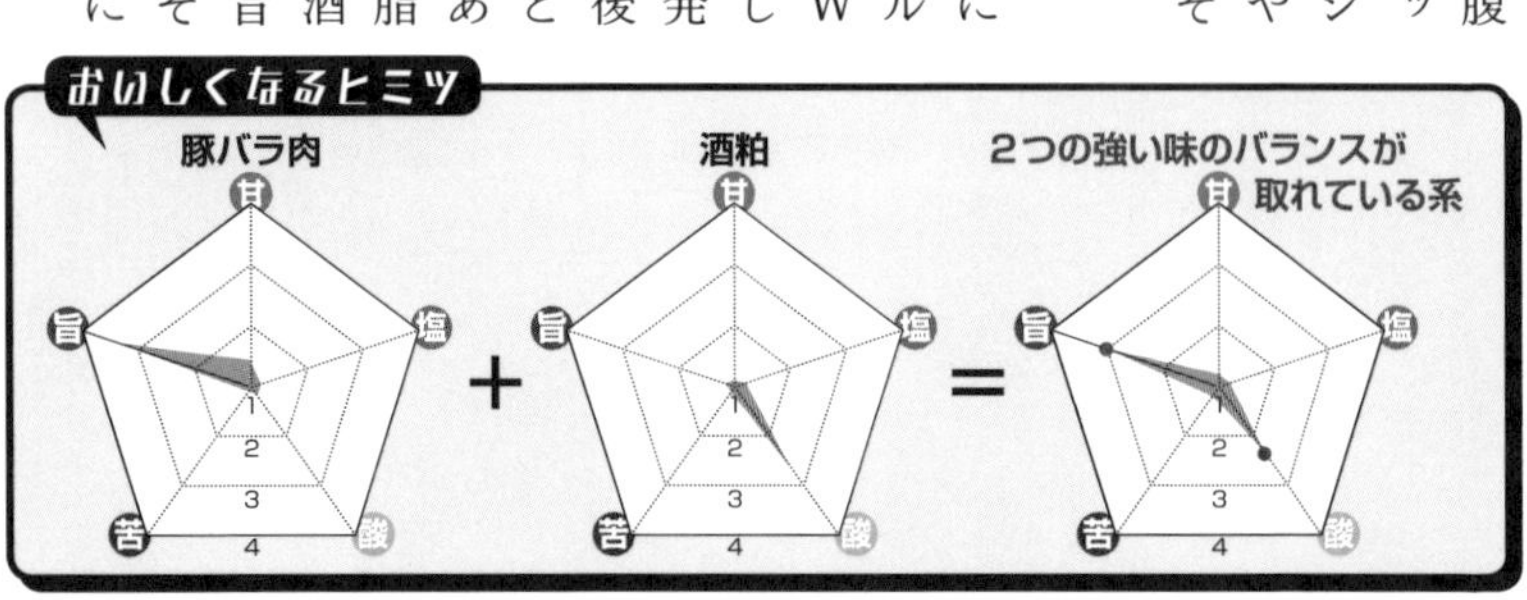

60 とんかつ+トマト

とんかつにキャベツのせん切りを添えるのは、とんかつの開発者が口中《こうちゅう》をさっぱりさせ、油っぽさを消すために組み合わせたと言われています。栄養面でもキャベツに含まれるキャベジンという成分が、胃腸の働きを助けて胃もたれや胸やけを防ぐので、この組み合わせはまさにベストマッチ、理にかなっています。一方、キャベツに負けないほどの存在感を示すのがトマト。

おだやかな酸味は口の中をさっぱりさせますが、特筆すべきはアミノ酸系旨味成分グルタミン酸が豊富なこと。とんかつの核酸系旨味成分イノシン酸との相乗効果で旨味がぐんと加速します。生トマトが手軽ですが、温めなおしてリメイクする場合は、トマトソースをかけてイタリアン風にするのもおすすめ。バジルを添えればおしゃれな一皿に。

おいしくなるヒミツ

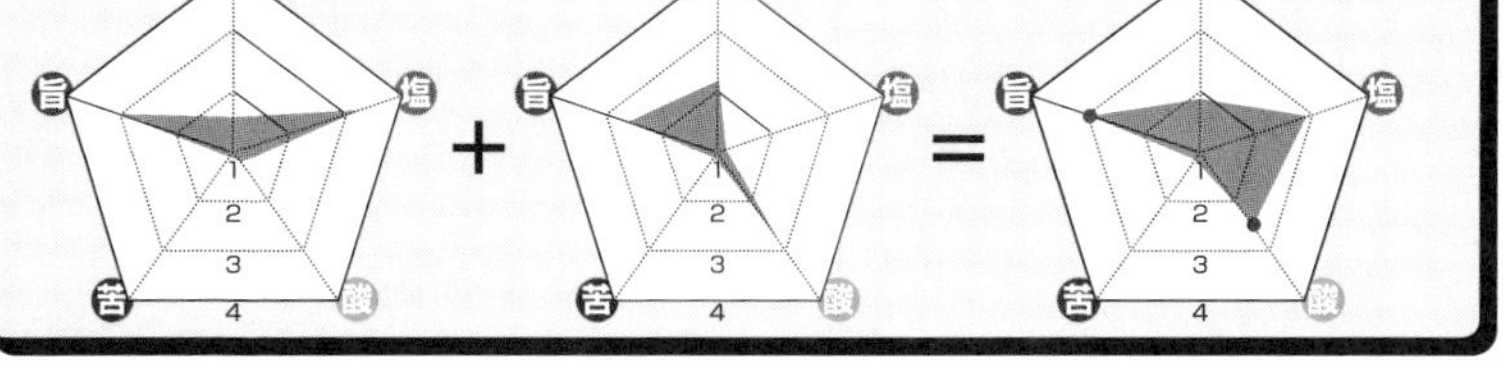

ご飯+ポテトチップス

61

ご飯にポテチって、なんとも雑な組み合わせのようですが、意外にも合うのだからしょうがない。まずはこれ。ご飯2：細かく砕いたポテチ（サクサク感が出る堅めのポテチで）1の割合で混ぜるだけの「ポテチ混ぜご飯」。ポテチの香ばしさと塩味が絶妙で、小腹がすいた時の夜食にうってつけ。味覚的にも、甘味・旨味が特徴のご飯に、塩味が特徴のポテトチップスを混ぜると、おいしい混ぜご飯と同様の甘味・塩味・旨味の味構成になることが証明されています。

　ほかにも、ご飯＋ポテチ＋角切りチーズ各適量で「ポテチーズおにぎり」に。ご飯1膳＋ホールコーン大さじ2＋ポテチとバター各適量をご飯が熱々のうちに混ぜ、塩、コショウ、コンソメだし各少々で調味する「即席ポテチピラフ」もおすすめ。

おいしくなるヒミツ

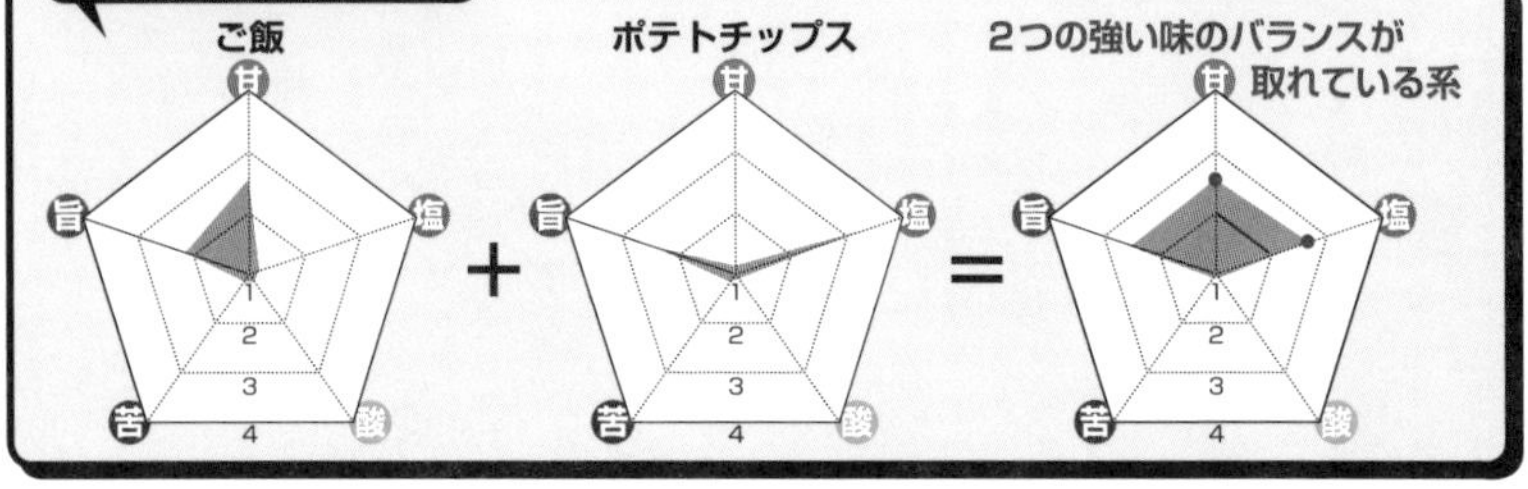

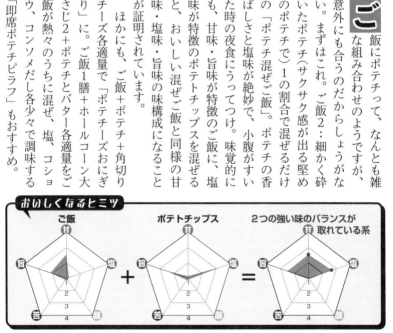

62 トマト＋砂糖

甘味が足りない、はずれトマトにあたった時のお助けワザ。食べやすい大きさに切ったトマトに小さじ1程度の砂糖をかけ、少し待ってから食べると、酸味と甘みが口の中で調和し、まるでフルーツトマトの味わいに。品種改良が進んでいなかった昔は、もともと酸味のあるトマトやみかん類などは酸っぱすぎるものが多かったので、このプラス砂糖は先人の知恵。ほかにも、青臭いトマトはオリーブ油とわさび少々であえると、白ワインにも合うつまみになります。また、はずれトマトがたくさんあるときは「トマトみそ」にするのがおすすめ。作り方はトマト1：みそ1の割合でトマトを小さめに切ってみそに混ぜ、冷蔵庫で1週間ねかせるだけ。パンにのせてトーストにしたり、パスタソースにもよく合います。

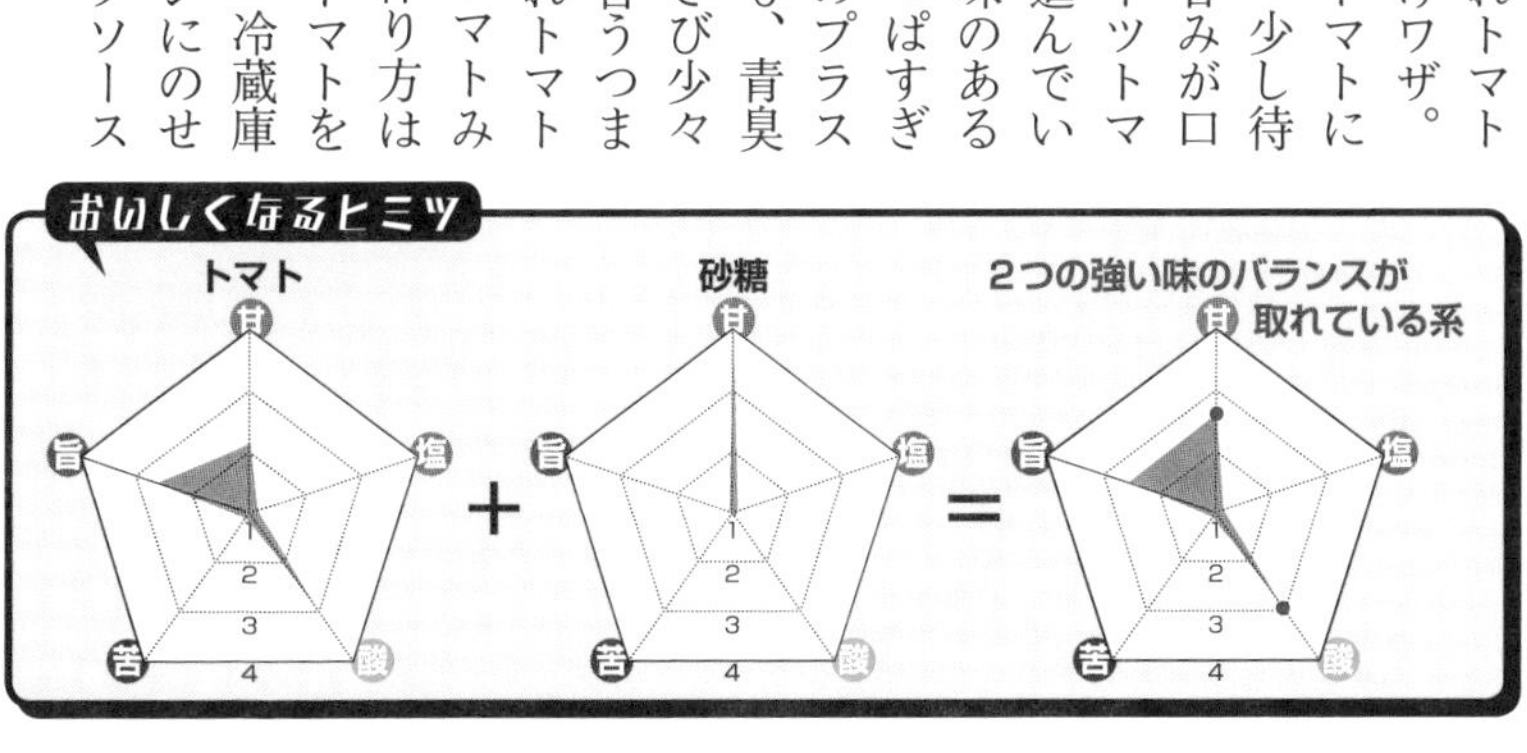

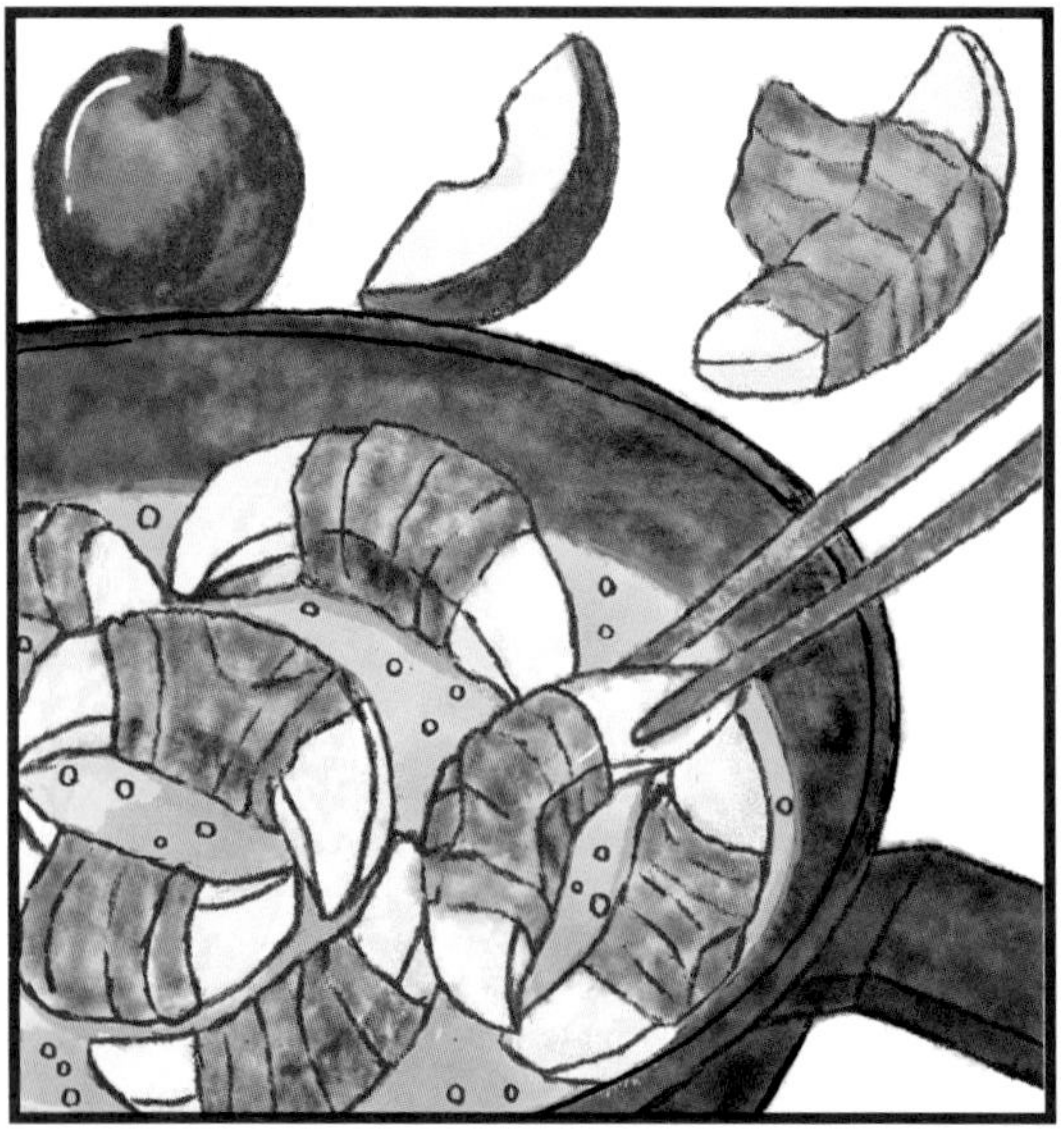

63

豚バラ肉＋りんご

せっかく買ったりんごがイマイチな時は、無理して生で食べずに加工しましょう。まずはりんごの皮をむいて8等分くらいのくし形に切り、しゃぶしゃぶ用の豚バラ肉でくるくる巻きます。これをフライパンに入れ、オリーブ油を少々かけて強火で焼き、豚肉に火が通ったら砂糖としょうゆで味をつけ、ふたをしてひと煮立ちしたらでき上がり。

調味した豚バラ肉の旨味・塩味と、りんごの甘味・酸味を足すと互いの抑制効果で、肉の塩味は控えめで、脂のしつこさも消えてさっぱりとした味わいになります。

ほかにも、すりおろしたりんごとおろしショウガを混ぜ、「豚肉のショウガ焼き」のタレ代わりに使う手も。りんごに含まれる酵素のおかげで、肉は冷めてもやわらかく、お弁当のおかずにもぴったり。

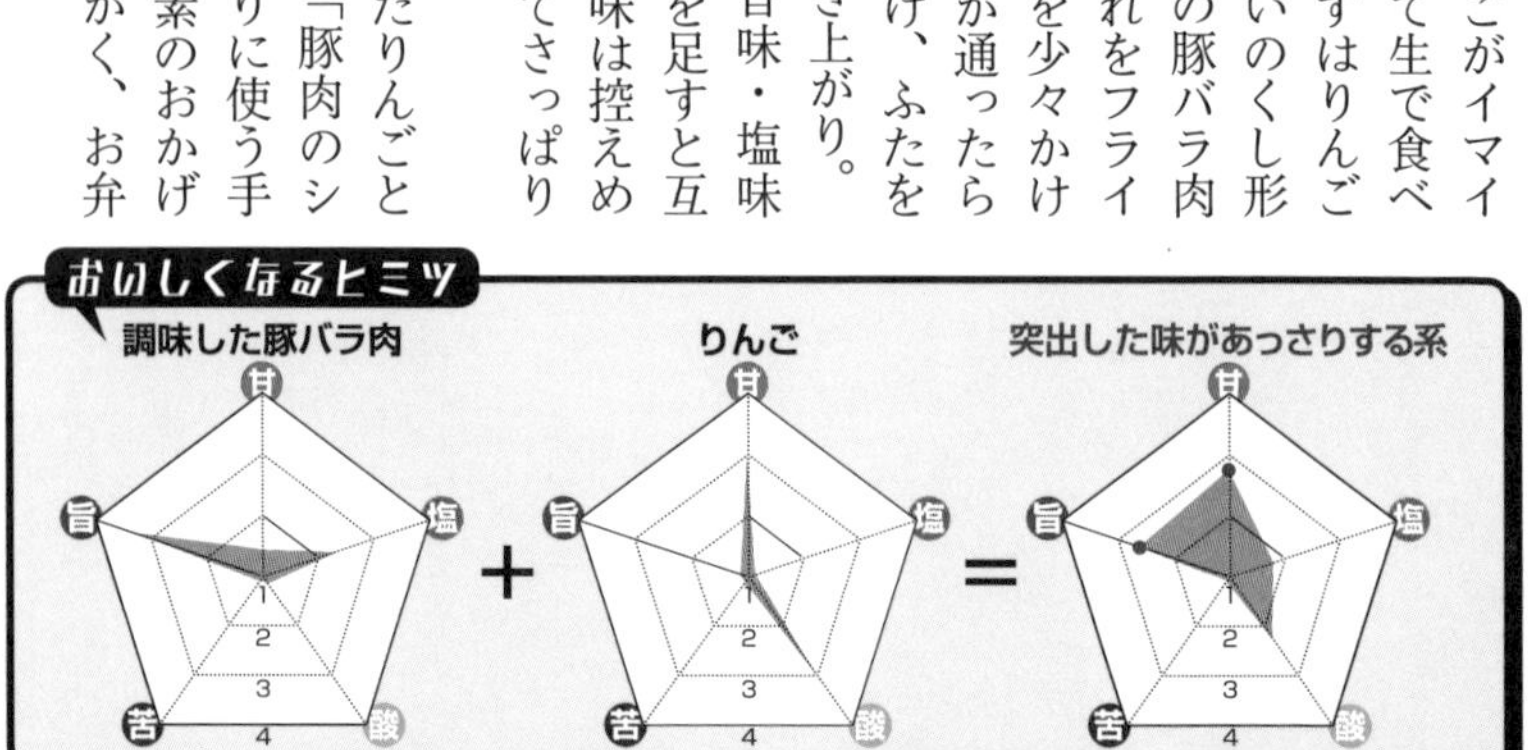

64 スイカ（白い部分）＋ホタテ貝柱缶

スイカの白い部分を今まで捨てていた方、それは残念。なんと、白い部分はほぼキュウリ。どちらもウリ科だから納得です。スイカの白い部分のほの甘さと青臭さは、濃い旨味と独特の風味があるホタテ缶と実に相性がいいのです。食べ方は、白い部分を細切りにしてホタテ缶とあえるだけ。サラダのようにマヨネーズや好みのドレッシングをかけるのも上々の味。ホタテ缶は旨味・甘味・塩味・苦味を有する複雑な味の構成。スイカの白い部分の酸味を足すと苦味が抑えられ、味覚バランスのとれたおいしさに。

ちなみに白い部分は冬瓜《とうがん》のようにも使えるので、煮物やスープにすると、とろりとした口当たりの、やさしい味になります。スイカは白い部分も食材です。捨てるなんて、もったいない。

おいしくなるヒミツ

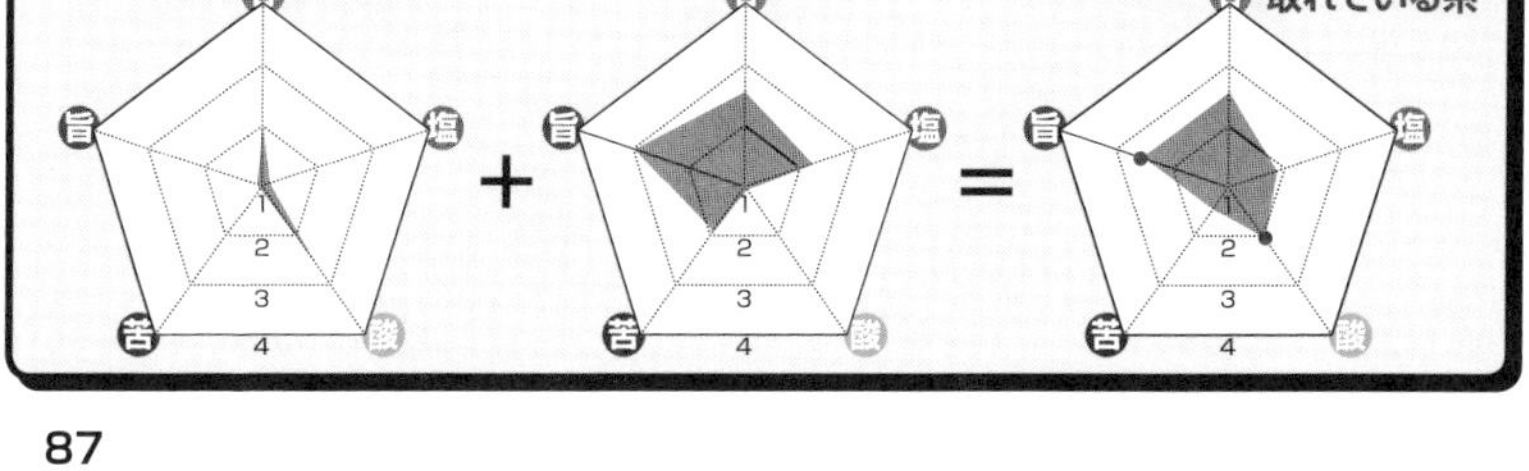

卵焼き＋アーモンドチョコ

65

プリンやケーキなど、代表的なお菓子には、ほとんど卵が使われています。ということで、「卵焼き＋アーモンドチョコ」のご提案。卵焼きの旨味・塩味に、強い甘味のチョコを足すと、旨味・塩味・甘味のバランスの良い三角形を形成します。

作り方は簡単。普通に卵焼きを作る要領で卵2個分の卵液をフライパンに流し入れ、半熟状になったらアーモンドチョコ5粒を並べ、包んで焼くだけ。弱火でじっくり中まで火を入れると、チョコレートがとろ〜り溶けて、デザート風卵焼きに。甘さはお好みですが、岩塩を使えば塩の食感が残る塩スイーツ風に仕上がります。バターで焼いたり、刻んだチョコや湯煎で溶かしたチョコを入れたり、トッピングにナッツを飾るなど、アレンジは自在です。

おいしくなるヒミツ

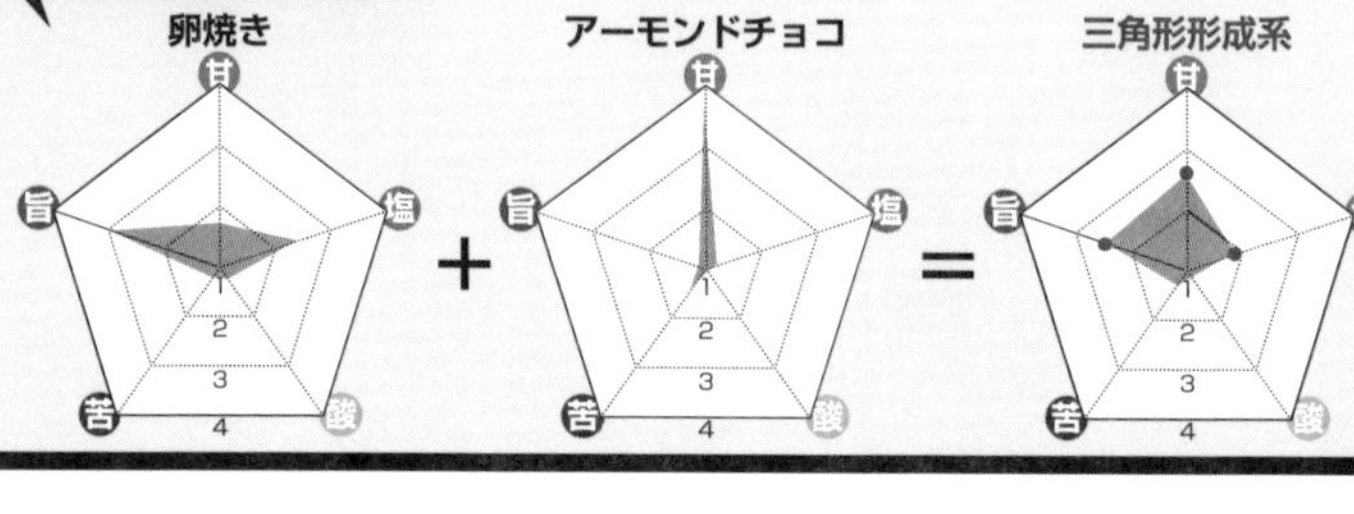

66 エビ天＋チョコレート

まずは驚かずに読み進めてください。エビの天ぷらはチョコレートに合います。ウソでしょ！と思うかもしれませんが、エビの旨味とチョコレートの甘みは互いに引き立て合い、この出会いは間違いのないおいしさ。作り方は、エビの天ぷらを溶かしたチョコレートにディップすれば完成。市販のエビ天ならトースターで温めると、揚げたてのサクサク感がよみがえります。びっくりする組み合わせのようですが、チョコがけのエビせんべいが製品化されているくらいなので、恐れずにチャレンジしてみてください。

ポテトチップスにチョコレートがついている商品も、最初は拒否反応がありましたが、実際おいしいですよね。チョコフォンデュをする際に、変わり種としてエビ天の用意もぜひ！

おいしくなるヒミツ

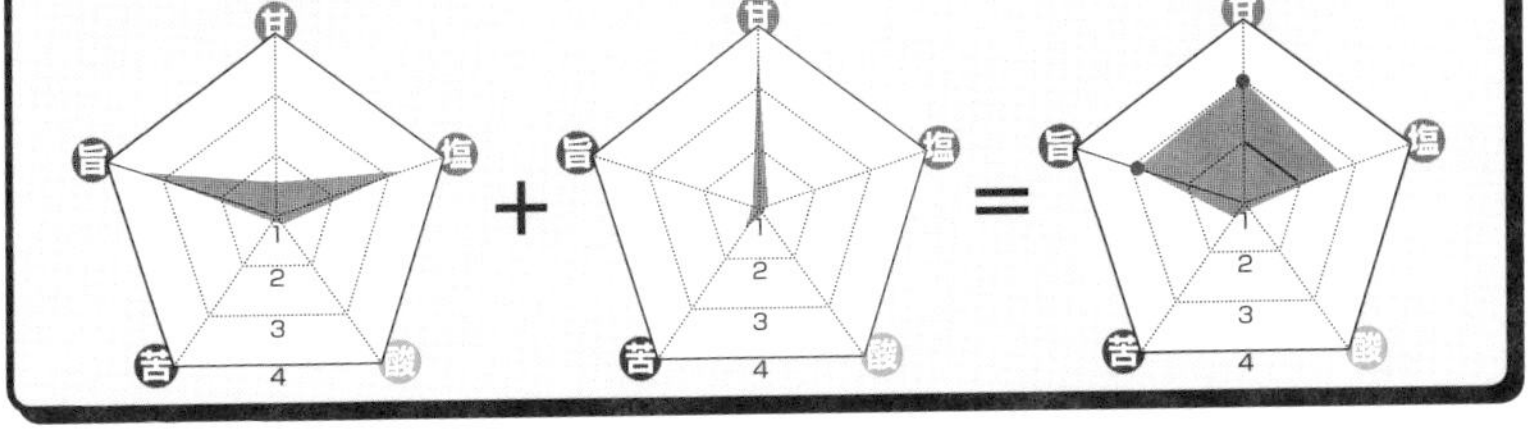

67

ご飯+みかん

柑橘類が特産の地方では、酢を使う料理全般に地元特産の柑橘類を使っています。愛媛県では、苦味が出ないように、皮をむいてから絞った100%みかんジュースで米を炊飯して酢飯を作ります。炊き上がったご飯は鮮やかな黄色でみかんの香りと酸味、甘みがほんのり。炊き方は普通にご飯を炊くように水をみかんジュースにするだけ。

後で寿司酢を混ぜるので、いつものご飯より水分（みかんジュース）を1割程度減らします。ちらし寿司や巻き寿司によく合う酢飯になります。味覚的にも理にかなっていて、ご飯の旨味・甘味に、みかんの酸味・甘味を足すと深みのある味になることがわかっています。

酸味の強いみかんほど味にメリハリがつき、海苔を散らせば旨味が増します。

おいしくなるヒミツ

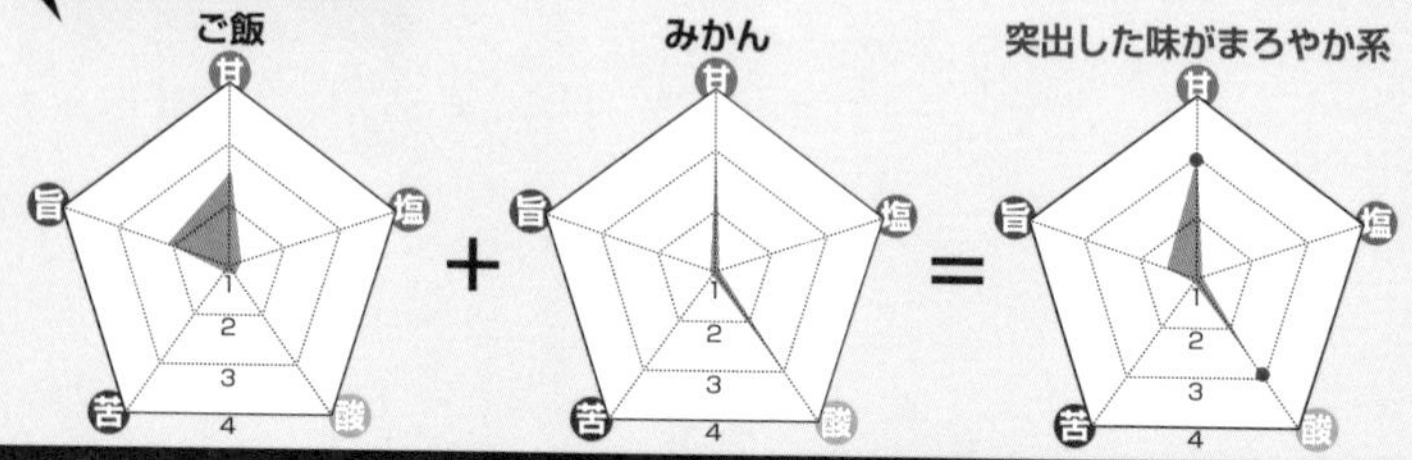

68 チーズリゾット＋洋梨

秋になると頬張りたくなる梨、甘くてジューシー、おいしい果物ですが、料理にも使えます。韓国では肉が主役のプルコギの調味液や、自然な甘みを出すためにキムチのタレにも多用します。ということで梨はほぼ調味料！ チーズリゾットに入れちゃいましょう。作り方は、レトルトのチーズリゾット1袋をレンジで温める間に、ベーコン1〜2枚と洋梨½個を小さめの角切りにし、ベーコンをフライパンで炒め、脂が出てきたら洋梨を炒め、黒コショウをパラリ。これをリゾットに投入。リゾットの濃厚な旨味とベーコンの塩味、洋梨の甘味・酸味が合わさることで、旨味・塩味・甘味のバランスの良い三角形を構成し、リゾットの単純な味に奥行きが出ます。粗めにすりおろした普通の梨や、角切りの桃でもOKです。

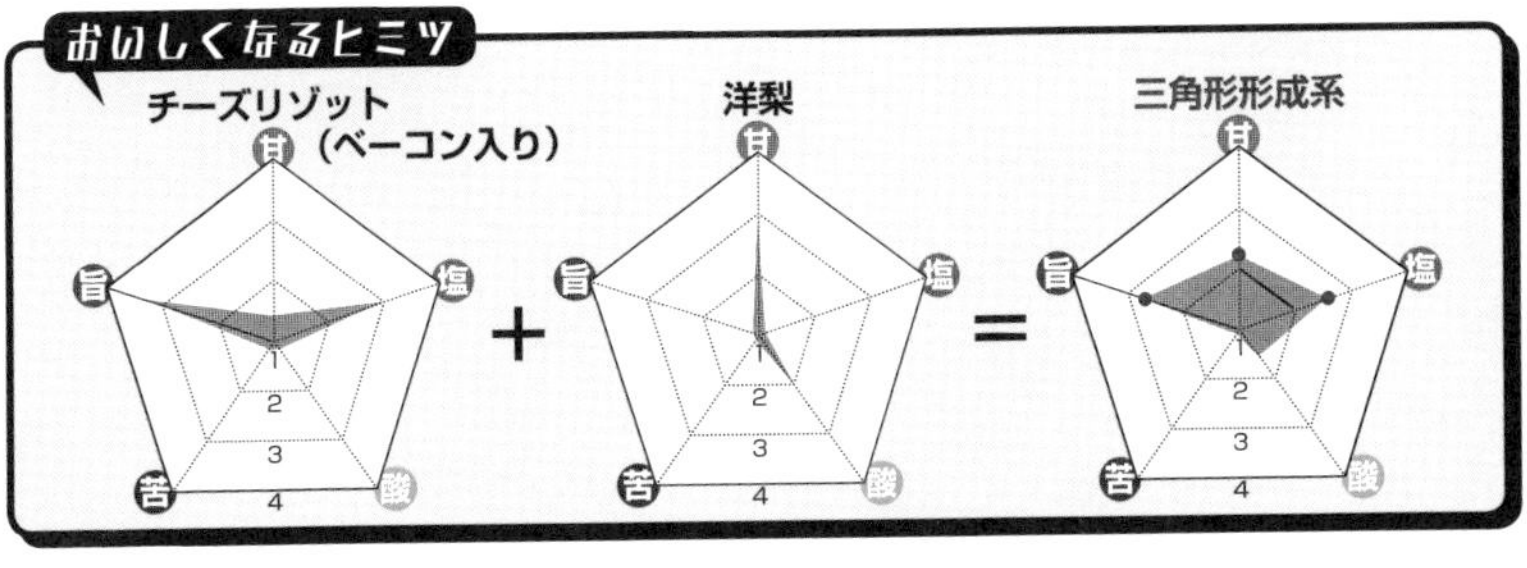

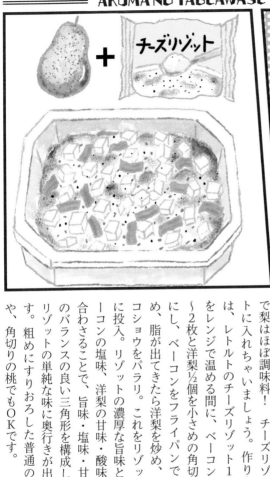

食パン＋コーンスープの素

69

週末の朝、優雅にフレンチトーストを焼く至福のとき。「あ、卵が切れている！」なんてことはありませんか。そんな時でも慌てなくて大丈夫。そっくり同じとは言いませんが、ある商品を使ってフレンチトースト、のようなもの、を作り上げることができます。それはお手軽朝ご飯の味方、コーンスープの素。これを少し温めた牛乳（表示通りの水分量で）で溶き、パンを浸して焼くだけ。コーンスープ1袋に6枚切りの食パン1枚が目安。おかず用には焼くときに溶けるチーズをオン。コクが増して食べ応え十分。

デザート用なら、ハチミツとバニラアイスのトッピングを。

濃いめに溶かしたスープと、溶けるチーズをご飯にかけ、トースターで焼くとお手軽グラタンのでき上がり。こちらのレシピもお試しを。

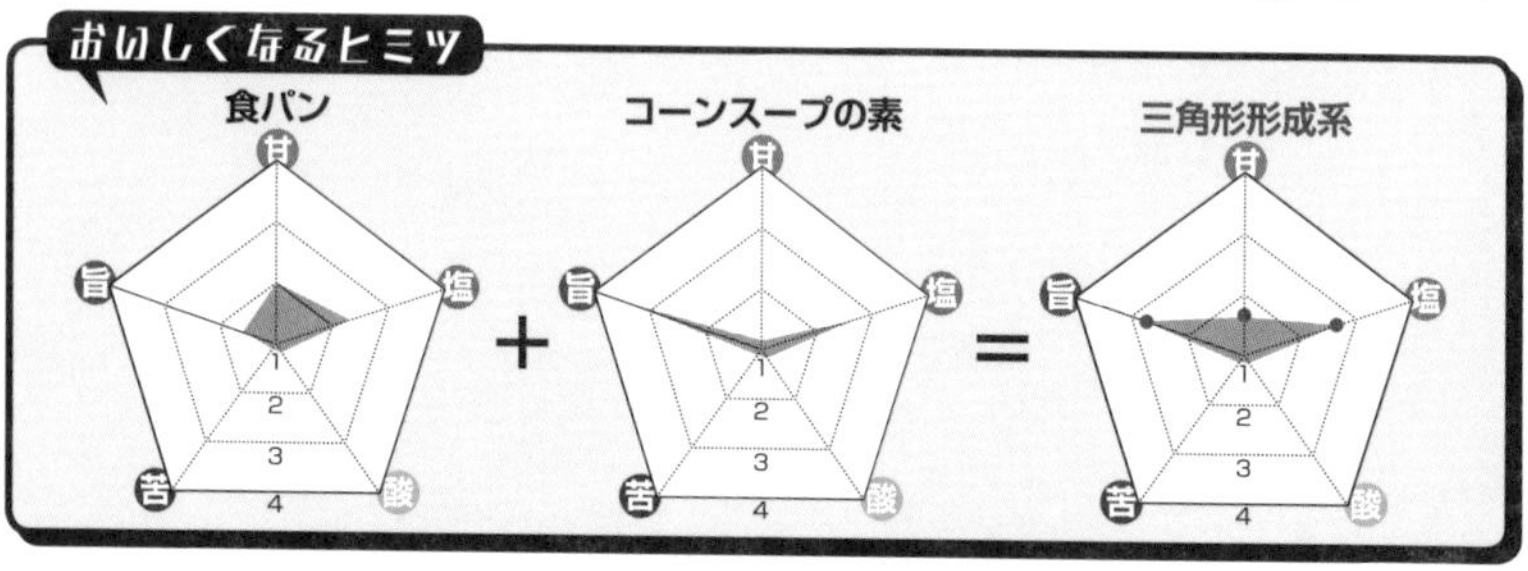

70

ステーキ＋スイートポテト

分厚い牛ステーキに添えられたクリーミーなマッシュポテト。肉好きには幸せな光景です。ところで、自分でステーキを焼く時、つけ合せのマッシュポテトまで作るのはちょっと面倒。そんな時はコンビニのスイートポテトにおまかせ！　レンジでチンしてやわらかくし、少量の牛乳でのばすだけ。これをディップのようにステーキ肉につけながら食べると、スイートポテトの甘みと肉の旨味が絡み合い、肉の味がジューシーでまろやかに。安い肉を使ったときでも、味の奥行きを出してくれます。

鶏肉との相性もよく、焼き鳥やチキンソテーに添えると、これもまた美味新発見！　芋類はカリウムを多く含み、摂りすぎた塩分を体外に排出する作用があるので、健康面でも二重丸の組み合わせです。

おいしくなるヒミツ

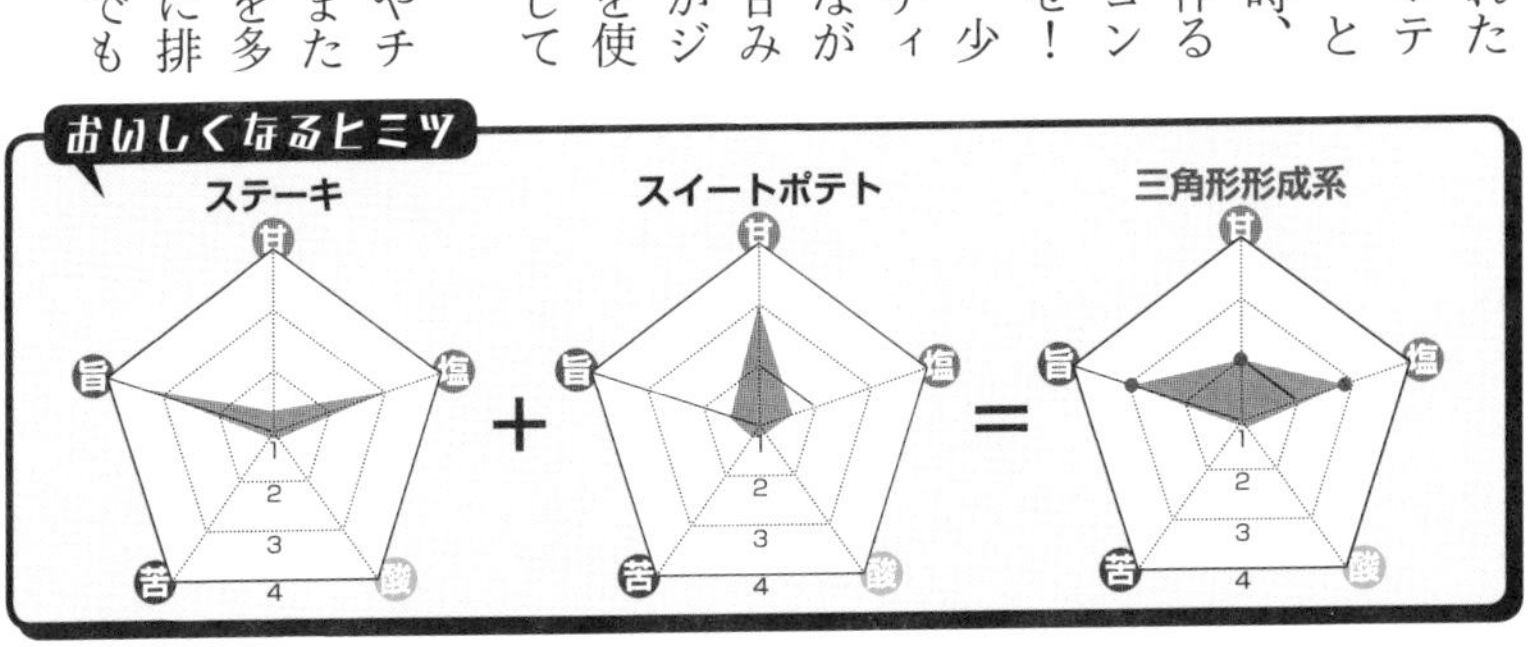

71 プレーンヨーグルト＋大根おろし

ヨーグルトの善玉菌はそのままで悪玉菌を減らし、腸内環境を整えます。朝食にヨーグルトを食べるのはベストな健康習慣。スイーツのような食べ方が一般的ですが、ここでは甘くないヨーグルトの食べ方を提案。また、ヨーグルトは胃酸に弱いので食後に食べるのがおすすめです。腸活に効率的な食べ方は、ヨーグルト4：大根おろし1の割合にハチミツをちょい足し。大根おろし!? と驚くなかれ。味はすりおろしたりんごのようでこれがおいしい。プレーンヨーグルトは強い酸味・旨味が少々。大根おろしは強い苦味と酸味が少々。合体すると抑制効果でバランスがよく、一風変わった腸活の一品が完成です。大根おろしの代わりに同率で甘酒を混ぜる「甘酒ヨーグルト」もお試しを。甘酒は善玉菌を増やします。

おいしくなるヒミツ

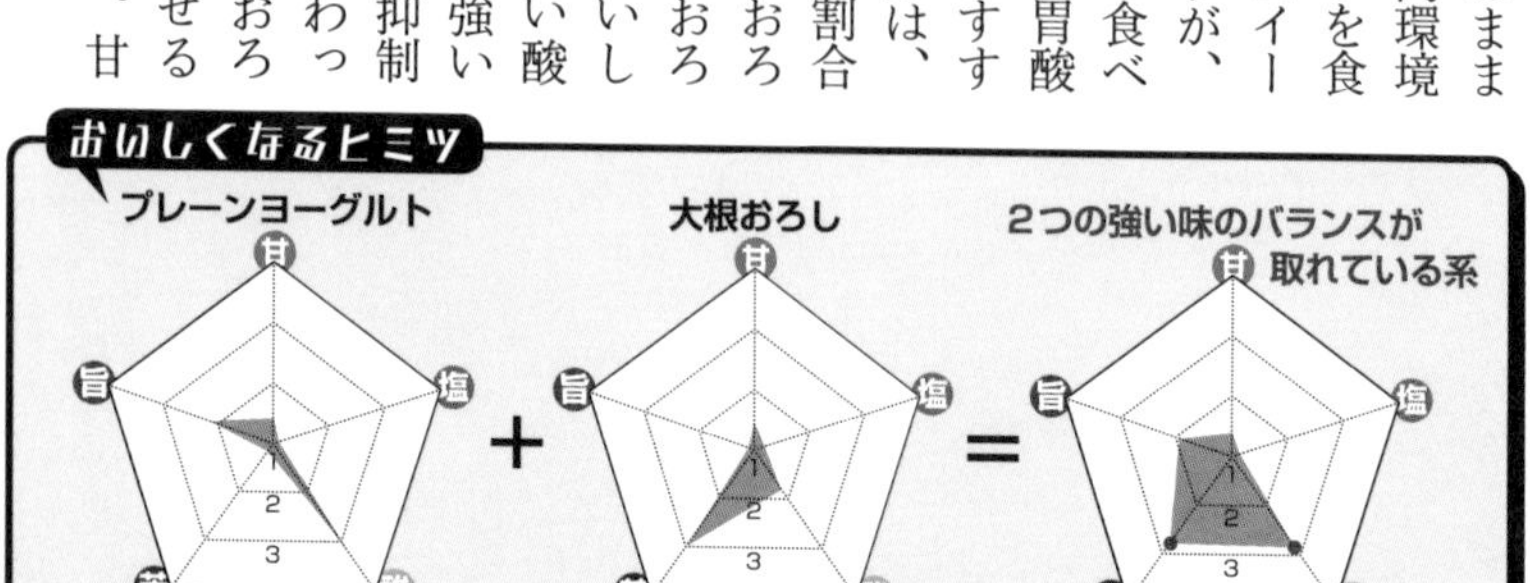

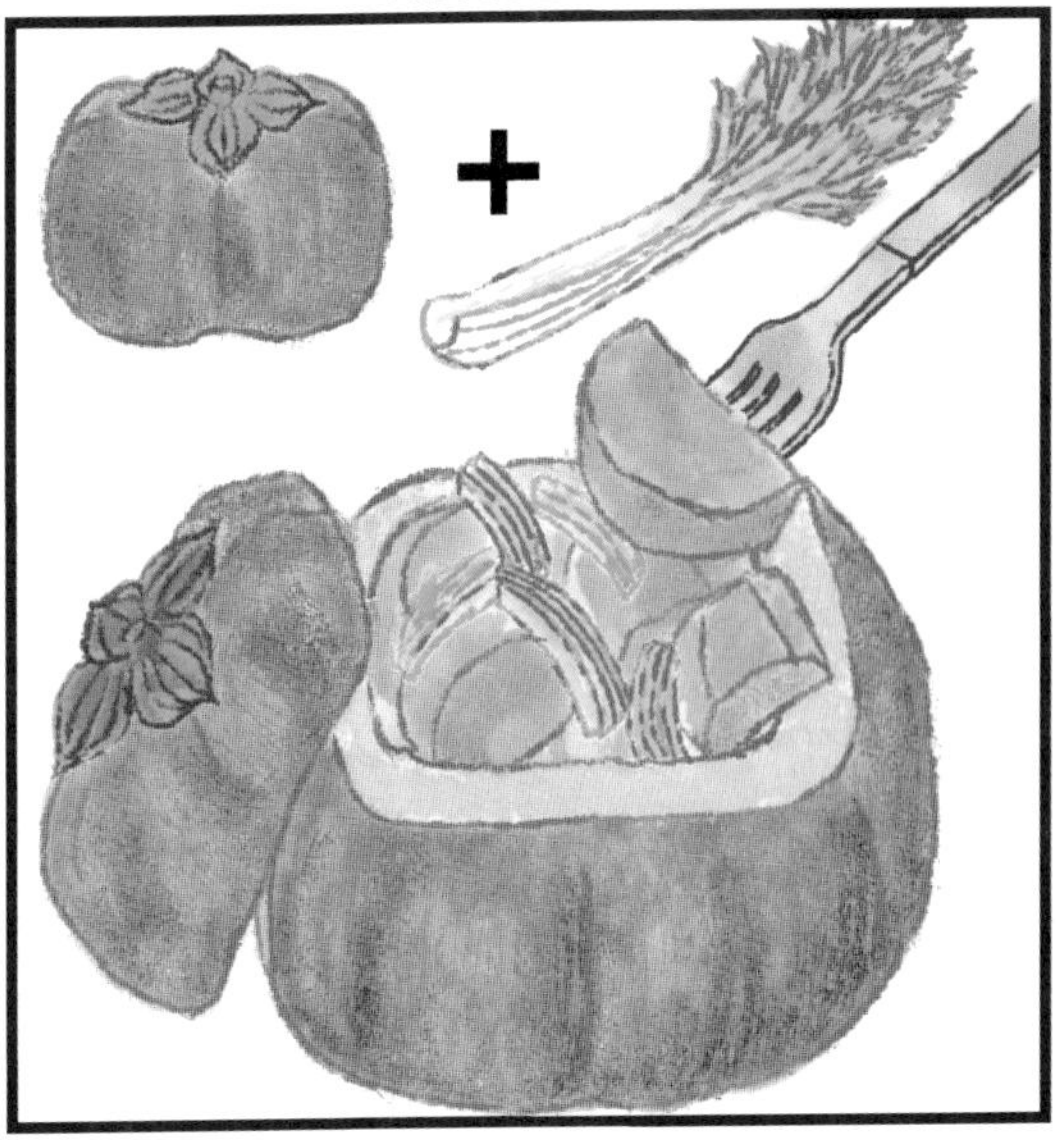

72

柿+セロリ

柿のちょい足しアイデア。まずは柿とセロリを薄切りにし、オリーブ油とバルサミコ酢を混ぜたドレッシングをかけてサラダ仕立てに。柿の強い甘味と、セロリの強い苦味が同程度の濃さでバランスをとり、互いの味を高めておいしさがアップ。ドレッシングの油分でコクも出ます。かたい柿の場合は、含まれる酸味で味がさらになじみます。

お次はゴルゴンゾーラとクリームチーズを大さじ½ずつを混ぜてトーストしたパンに塗り、上に柿½個を薄切りにして並べ、軽く塩、コショウをふります。甘じょっぱくコクのある味でクセになります。

熟した柿はデザートに。一口大に切って黒ゴマときな粉をかければ、きな粉が余分な水分を吸収して見た目は和菓子。甘みが足りないなら、黒密やハチミツをかけてもOK。

おいしくなるヒミツ

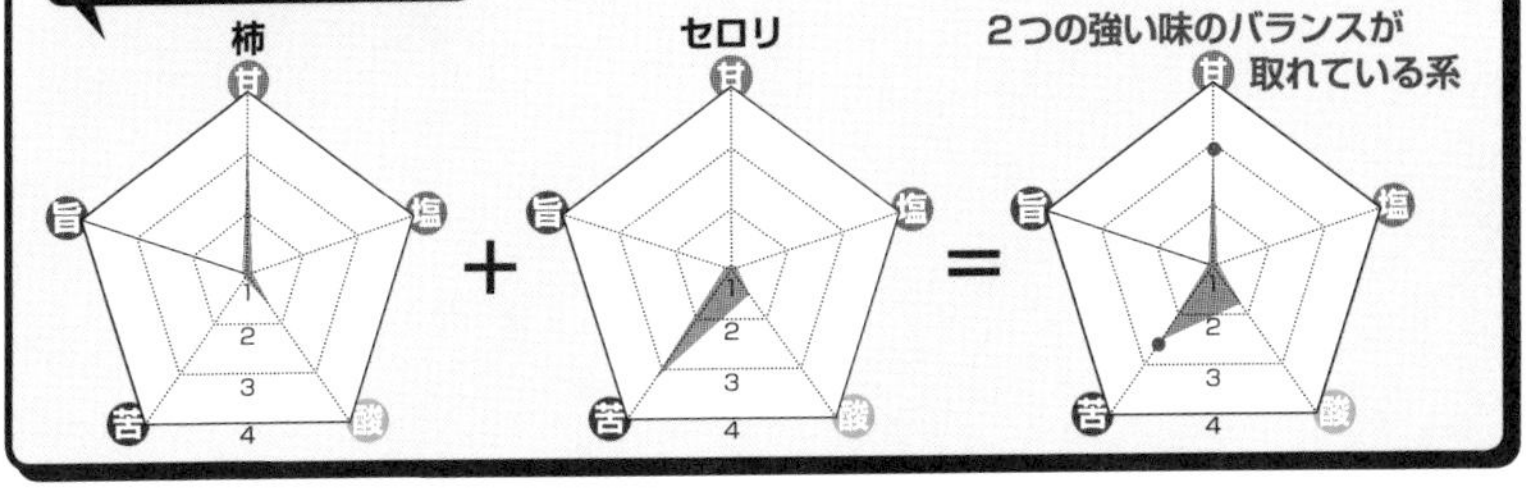

鯛＋キウイフルーツ

73

料理に爽やかな風味を添えてさっぱり食べたい時にレモンは不可欠。ところで、キウイがレモンの代用になるってご存知でしたか。買ってみたら酸っぱすぎたキウイなら最適。ただし、キウイを使うときの注意点は、甘いキウイと、こってり系の料理は合わせないこと。フライやから揚げ、ステーキなど、強い旨味や塩味がある料理に甘いキウイを合わせても、せっかくの料理がぼやけた味になってしまいます。

甘いキウイは、蒸し鶏やカルパッチョなど淡白な味の料理と相性がバッチリ。例えば、鯛のカルパッチョを作る場合、刺身用に薄く切った鯛にフォークでつぶしたキウイをのせ、仕上げにオリーブ油をたらりとかけて全体の味をまとめます。ランクアップのこの味、白ワインや甘めのカクテルと相性抜群。

おいしくなるヒミツ

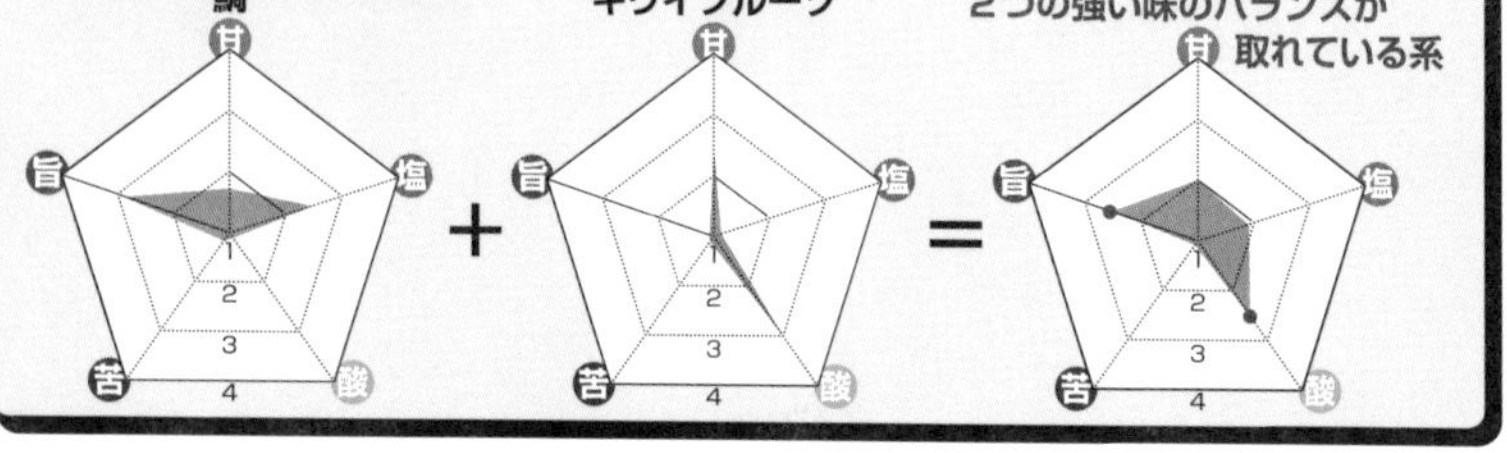

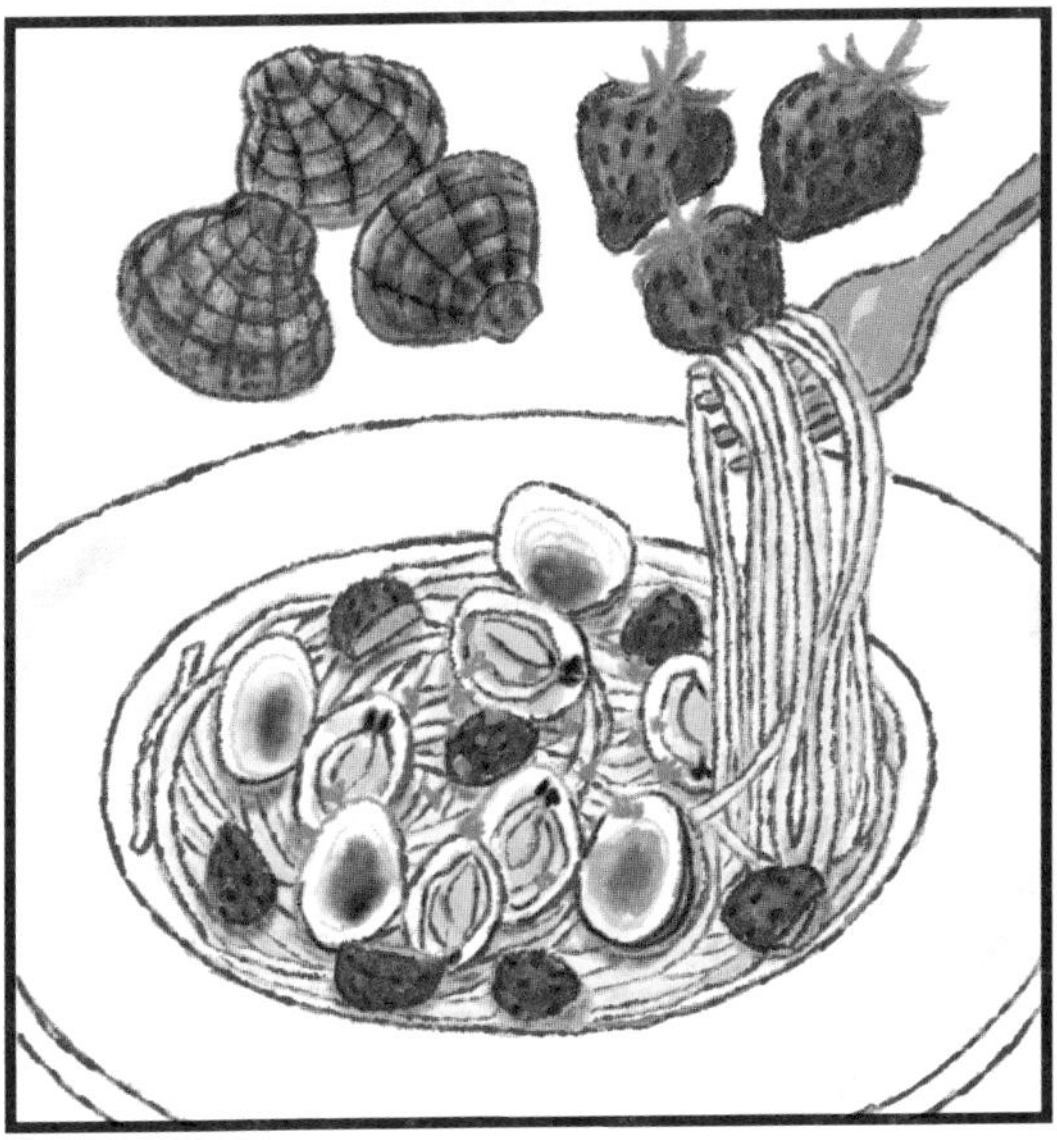

74 イチゴ＋ボンゴレビアンコ

イチゴは果物ですが、料理に使うと、ほどよい甘みと酸味がいい味を出してくれます。もし、甘くないイチゴに出会ったとしても、加熱するとまろやかな酸味のある味になるので大丈夫。おすすめは、たっぷりのアサリでつくる、ニンニクの香りが食欲をそそるボンゴレビアンコ。アサリを入れるタイミングで、アサリと同量のイチゴを入れるだけ。イチゴの酸味が味のまとめ役になって絶品です。

　イチゴの加熱がNGな方は、冷製パスタでお試しを。材料は全て適量。イチゴのヘタを取って1㎝角に切り、生ハム・バジル・レモン汁・オリーブ油・ハーブソルト・黒コショウを混ぜたソースを、ゆでて水で締めたパスタにかければでき上がり。生ハムの塩味にイチゴの甘酸っぱさが重なり、旨味が倍増。

おいしくなるヒミツ

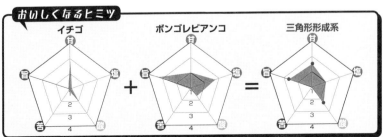

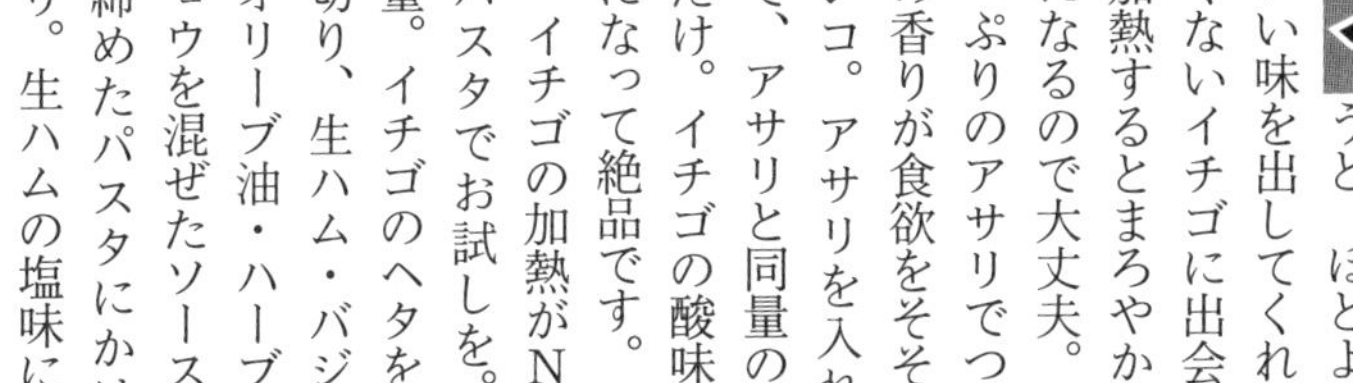

ステーキ＋チョコ

75

チョコレートの味は甘味・苦味が特徴的。香辛料とも相性がよく、料理の仕上げに加えることで、コクが増して奥行きのある味になります。おすすめは肉料理の隠し味に使うこと。甘さ控えめなビターチョコを選べばシェフ顔負けの本格的な味が実現できます。ステーキ（旨味・塩味）に、チョコソースをかけると、旨味・塩味・甘味が同程度のバランスの良い三角形に。チョコの苦味も濃厚な味に一役。

例えば、肉汁が残ったフライパンに赤ワイン１８０㎖・バター40g・溶かしたチョコ40gを加え、少し煮詰めるだけで、いつもの肉料理が格段にランクアップします。

煮込み料理にも重宝で、ビーフシチューにはビターかミルクチョコ、ホワイトシチューにはホワイトチョコを2かけ程度入れるのが適量。

おいしくなるヒミツ

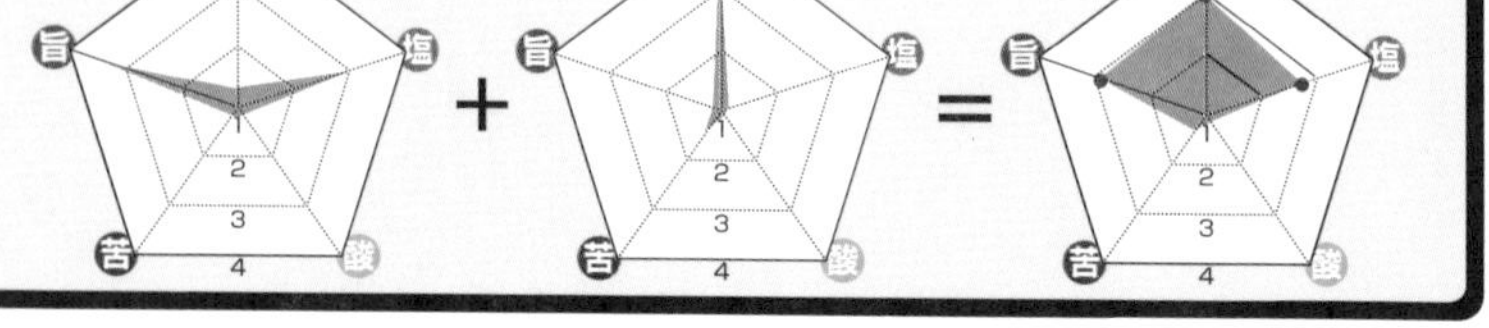

76 ベーコン＋チョコ

ベーコンとチョコレートも好相性。まずはブラックチョコを細かく刻み、耐熱ボウルに入れてラップをせずに600Wの電子レンジで1分加熱。混ぜてみてまだ溶けていないようだったら様子をみながら＋10秒ずつ加熱して混ぜてみます。とろりとしたら、カリカリに焼いたベーコンをくぐらせます。好みで七味や山椒をかけてもOK。チョコが冷めて固まったら完成！　ウイスキーや赤ワイン、黒ビールなどのやみつき系おつまみに変身します。

甘味が強いホワイトチョコなら、塩味が強いゴーダチーズやチェダーチーズにディップして、ナッツをトッピングするとウィスキーによく合うつまみに。

ミルクチョコなら、酸味が強いドライフルーツにディップすると辛口の日本酒と好相性です。

おいしくなるヒミツ

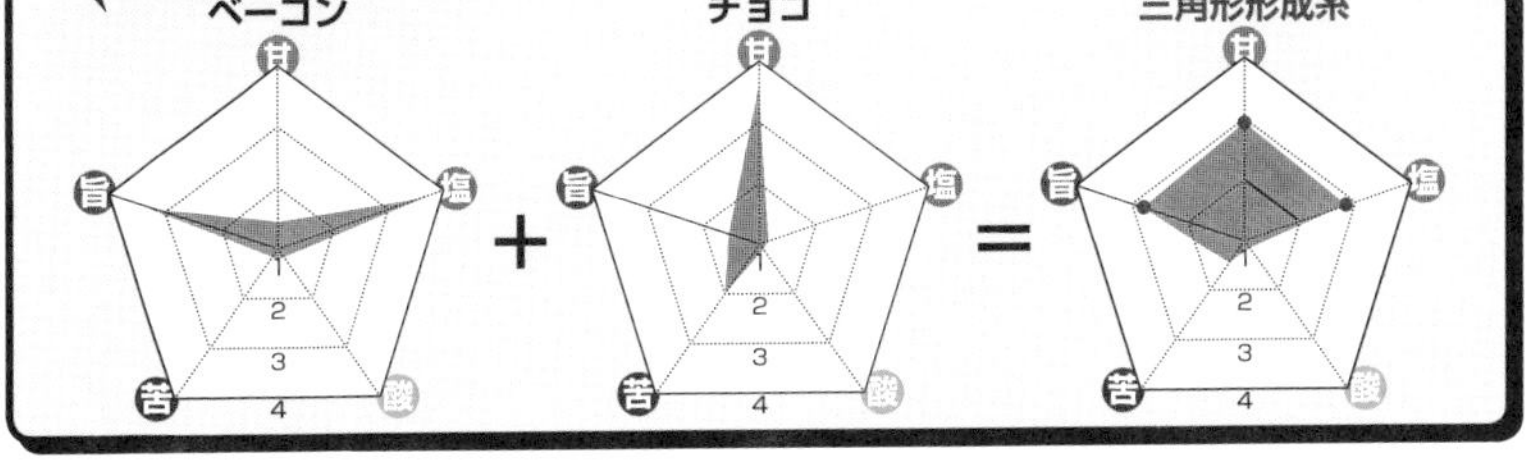

イチゴ＋ゴーダチーズ

77

ホームパーティーなどで、おしゃれなフィンガーフードが欲しい時は、互いを引き立て合う最強コンビとして、甘味と酸味で構成される果物と、塩味と旨味で構成されるチーズを組み合わせればＯＫ。作り方は、食べやすい大きさに切った果物３に対し、薄切りのチーズ１の割り合いで、薄切りのバゲットにのせます。仕上げにオリーブ油をひと回しすると味がまとまり、さらに黒コショウをひとふりすると味が引き締まります。

実際の組み合わせ例としては、甘酸っぱいイチゴとマイルドでクリーミーなゴーダチーズがベストマッチ。少々クセのあるゴルゴンゾーラチーズはぶどうと合わせれば爽やかな味になり、イチジクと合わせれば個性の強い食材同士、互いの出過ぎる味が丸くなって旨味に変わります。

おいしくなるヒミツ

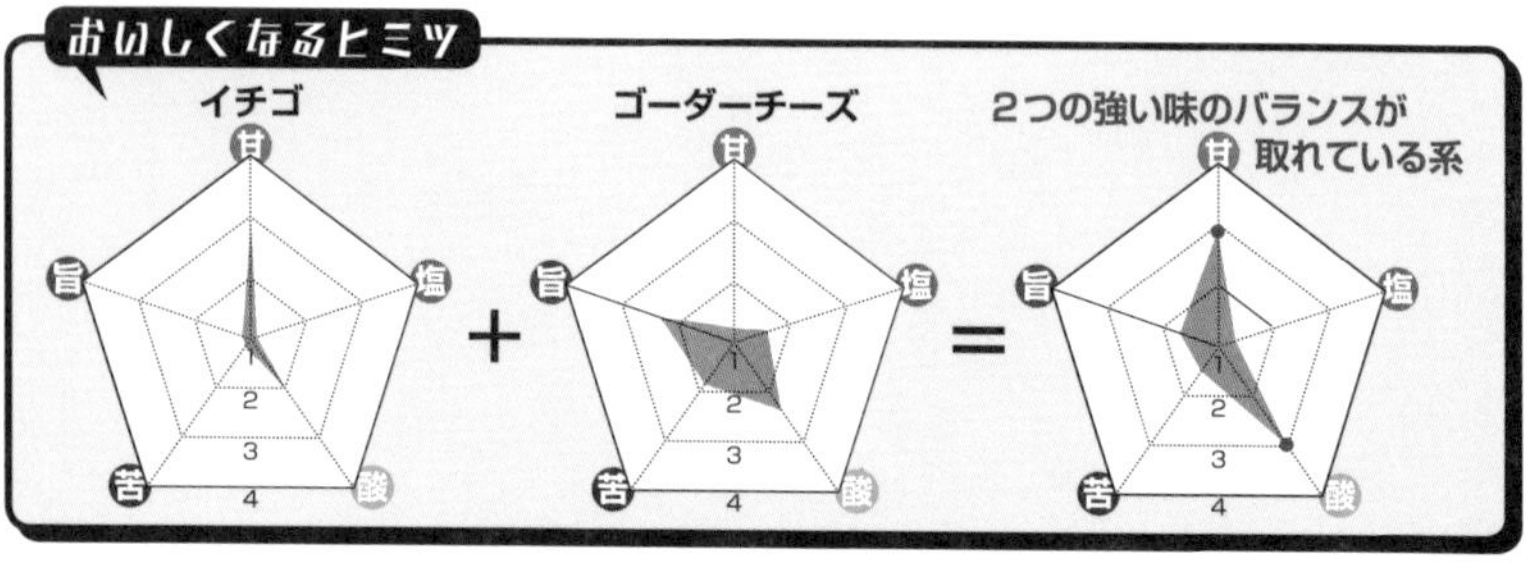

78 イチゴジャム＋豆腐

大豆製品の豆腐は実に変幻自在。例えば絹ごし豆腐は、キッチンペーパーで水けをとってイチゴジャムをかけると、豆腐のほのかな旨味にジャムの甘味と酸味が重なり、まるで台湾スイーツの豆花《トウファ》のようなヘルシーデザートになります。

木綿豆腐なら濃厚な味と質感を生かしてりんごジャムと合わせるのがおすすめ。いずれも豆腐10：ジャム1が基本分量。

厚揚げの場合はフライパンで焼き、マーマレードジャム、しょうゆ、バルサミコ酢を同量比で混ぜたソースをからめます。厚揚げは焼くことでメイラード反応による香ばしさが加わり、濃厚な旨味のステーキ感覚で食べられます。VEGAN《ヴィーガン》（完全菜食主義者）の世界では肉の疑似素材として使われる豆腐。生でも加熱しても、ジャムとよく合います。

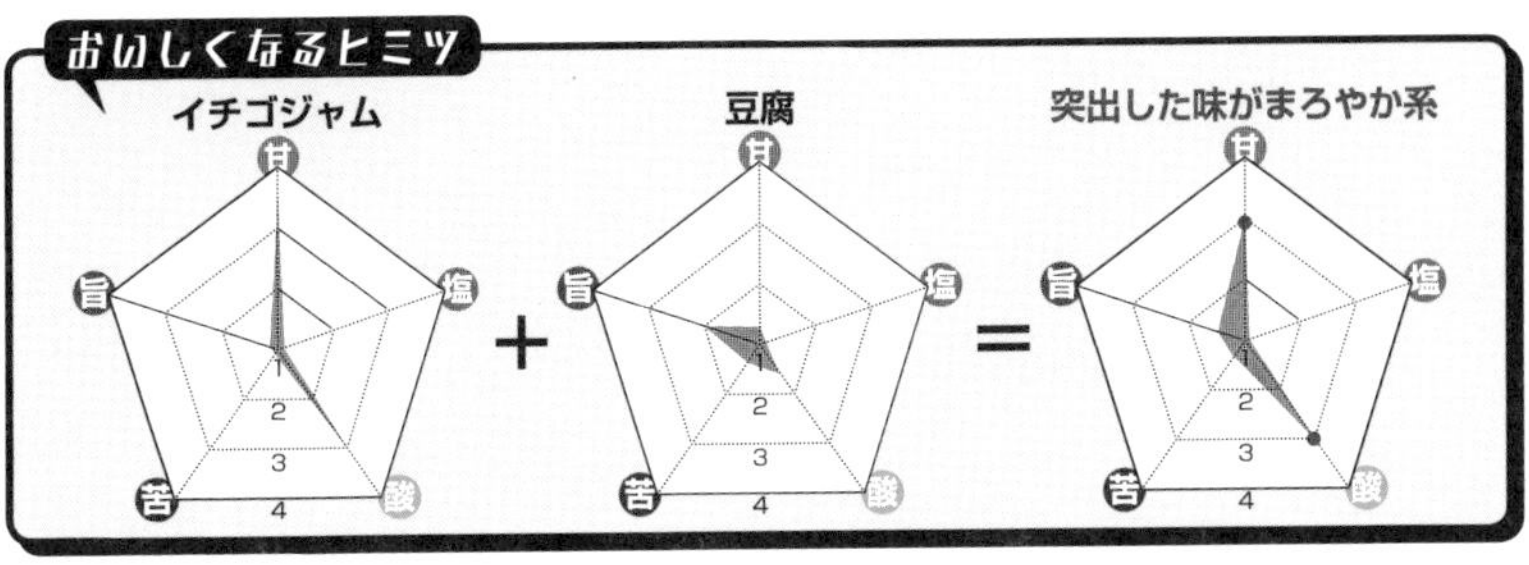

79

みそ汁＋チーズ

日本人のソウルフードと言えば、やはり伝統食の「みそ汁」。今のようにだし汁にみそを溶く形になるまでは、硬く乾燥させて砕き、おかずにするなどさまざまな変遷がありましたが、最新のおすすめは、「みそ汁+チーズ」。どちらも発酵食品で相性は抜群。ただし、双方の旨味成分はアミノ酸系旨味成分（グルタミン酸）なので、旨味相乗効果を得るには、核酸系の旨味成分を含むキノコ（グアニル酸）や、豚肉やカツオ節、煮干しなどの動物性食品（イノシン酸）をプラスすると完璧。みその種類は赤みそ、白みそ、合わせみそなど、どれでもOK。作り方は簡単。いつものだし汁にみそを入れるタイミングで、溶けるチーズを適量入れるだけ。このみそ汁にはトマトもよく合い、ちょっとイタリアンな味わいになります。

おいしくなるヒミツ

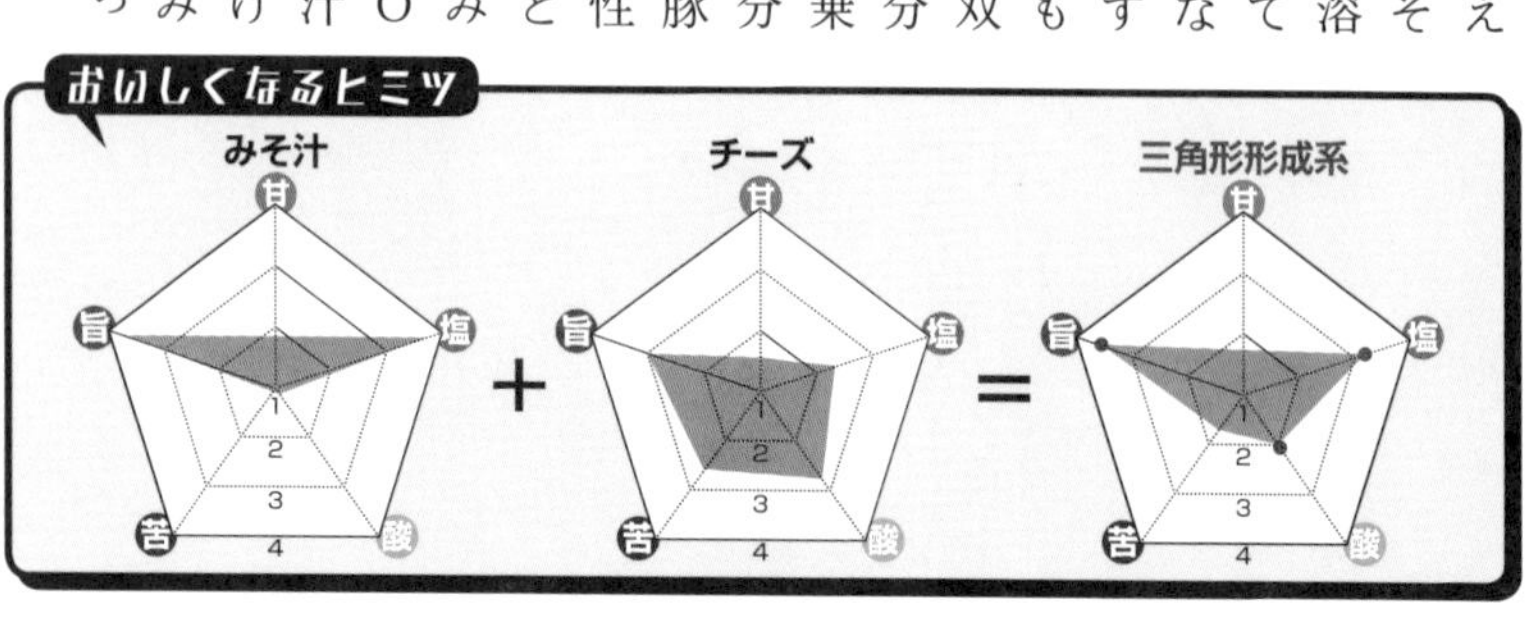

80

サバ水煮缶＋大根古漬け

漬物の味はたいてい酸味＋塩味。魚の缶詰は旨味＋塩味＋少しの甘味で構成されています。どちらも独特のクセ、臭みがありますが、1：1くらいの分量で合わせるとおいしく昇華します。例えば、サバの水煮と刻んだ大根の古漬けをマヨネーズと黒コショウであえると焼酎や日本酒のつまみに最適。

オイルサーディンをつぶし、刻んだたくあんと混ぜてフランス料理のリエット風にし、薄切りのバケットにのせれば白ワインがすすみます。

カキの缶詰にはキムチをトッピング。原料のアミエビの成分とカキの旨味が好相性。ツナ缶はみじん切りの野沢菜と炒めてご飯のお供に。サバみそ煮缶は白菜の浅漬けと共に水を加えてとろっとするまで煮て、酒粕を混ぜると、宮城県気仙沼の郷土料理「あざら」の完成。

おいしくなるヒミツ

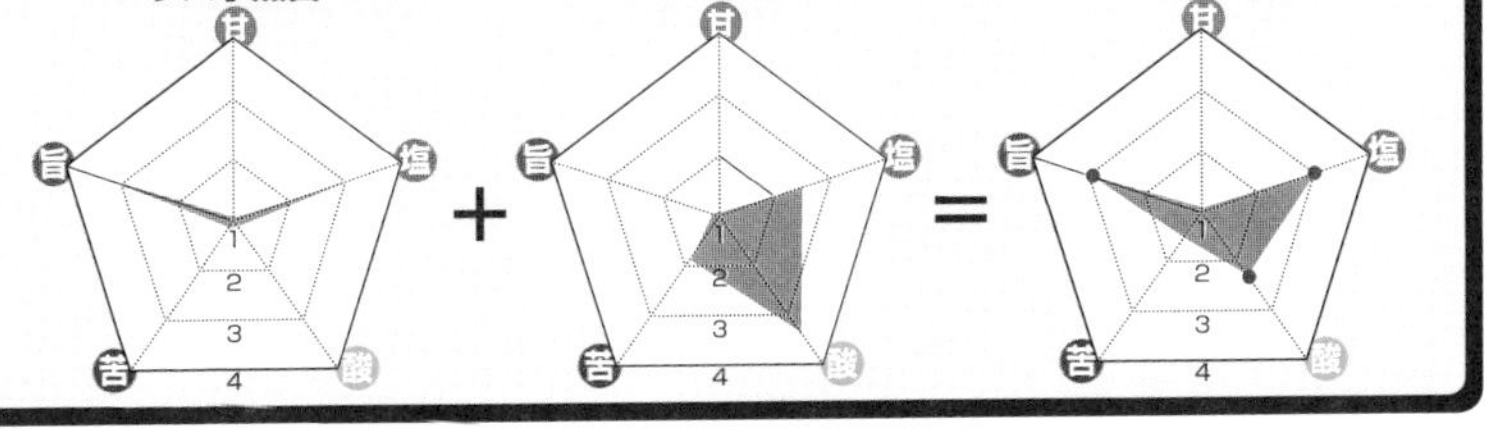

バナナ＋キャベツトースト

81

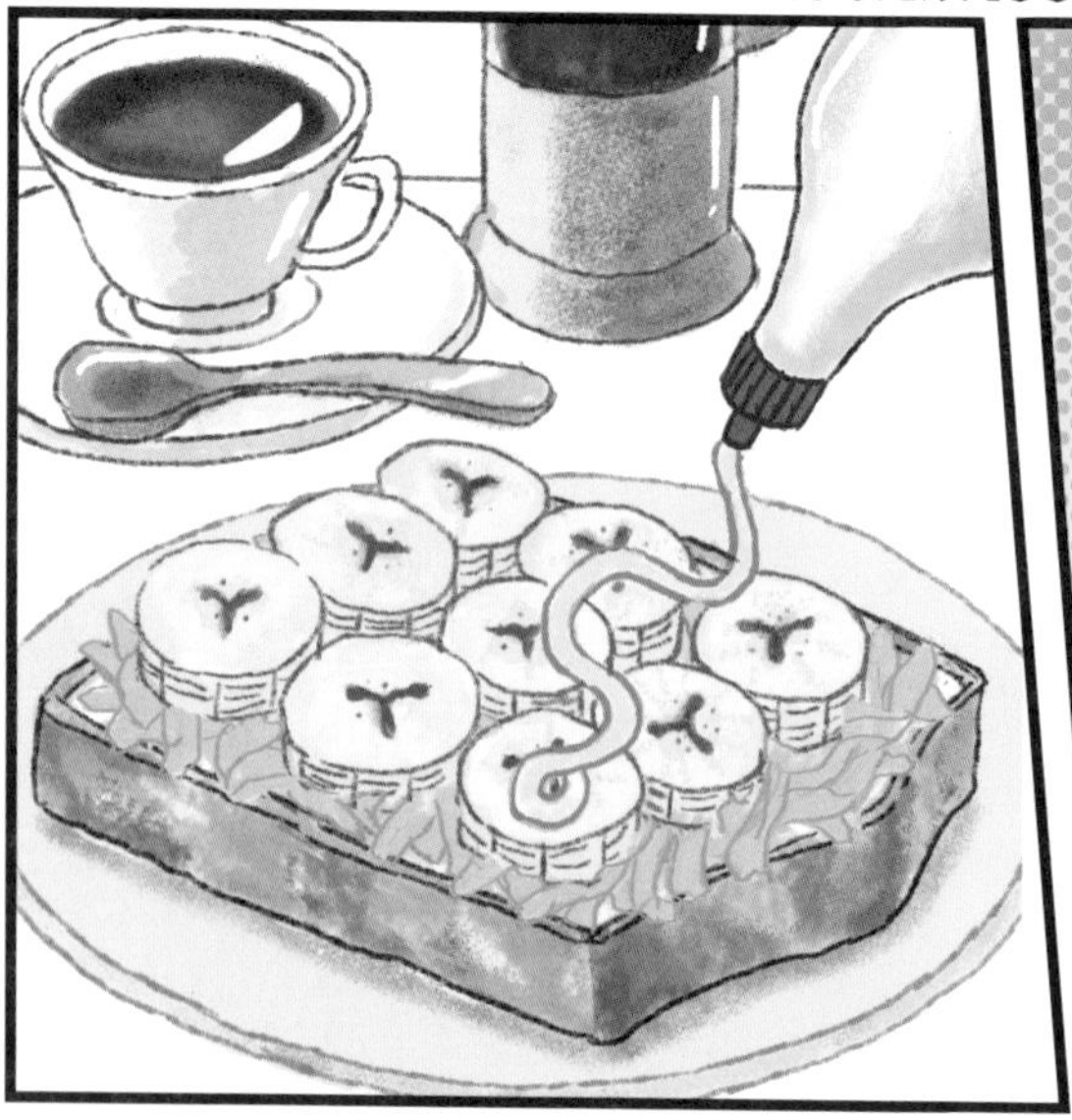

理想的な朝ご飯の条件は、脳の主なエネルギー源のブドウ糖（炭水化物）を摂ること。そこに野菜、果物、タンパク質をプラスすれば栄養バランスも万全。今回はパン派のための簡単レシピをご紹介。まず8枚切りの食パンをトーストしてバターを塗り、パンが温かいうちに、せん切りキャベツ、薄切りのバナナをのせ、少量のマヨネーズをかけてでき上がり。バナナの甘味とキャベツのほのかな苦味、酸味が合体してコクが増します。バナナでビタミンやミネラルが摂取でき、キャベツの食物繊維により咀嚼《そしゃく》が促進されて脳が活性化します。ツナ缶や海苔、チーズなどのプラスオンで塩味と旨味に加え、タンパク質の摂取も。朝食は体を温めることも重要。

飲みものは、温かい紅茶を合わせて口の中もスッキリ、ごちそうさま！

おいしくなるヒミツ

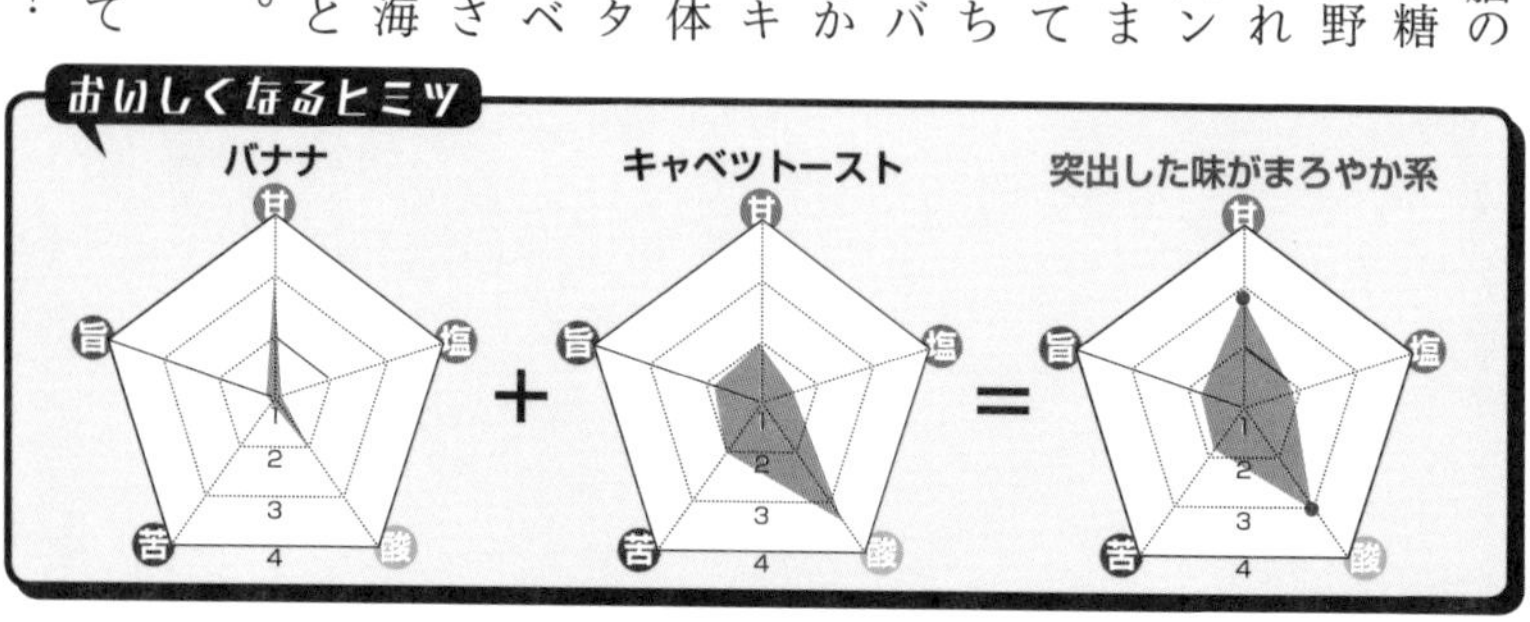

82 ポテトサラダ＋発酵食品

長年、メイン料理の添え物位置に甘んじていた「ポテトサラダ」ですが、最近は具材やトッピングの幅広い応用力で、居酒屋のオリジナリティが試される一品に。

味覚センサー的なおすすめは発酵食品を足すこと。

ポテサラの旨味・塩味に、発酵食品の酸味・クセのある味がアクセントになります。ポテサラ8：発酵食品2の割合が基本。

一番のおすすめは＋「キュウリのぬか漬け」。シャキッとした食感と独特の酸味が甘味に変わるのは魅力。白ワインに合います。

次に＋「塩辛」。みじん切りにしてポテサラに混ぜれば、塩っ気の強い旨味が日本酒の格好のつまみに。

プラス納豆も相性◎。旨味と粘りでポテサラがクリーミーになり、ビールに合います。

おいしくなるヒミツ

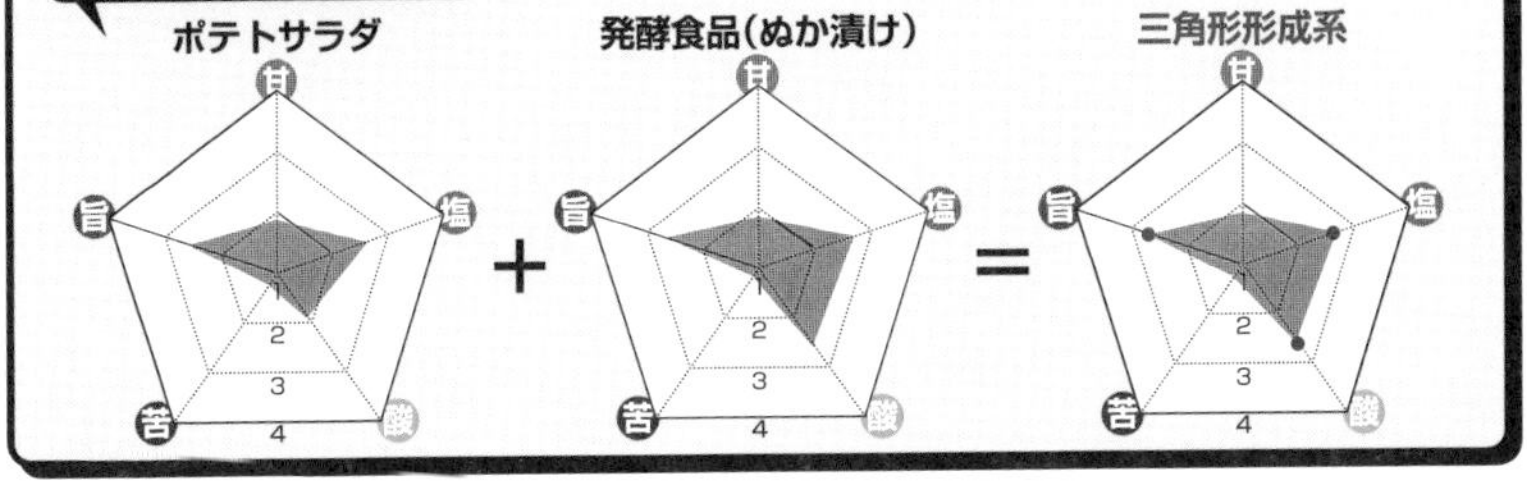

83

ツナチーズトースト＋マシュマロ

最近話題の「マシュマロトースト」。上手に焼くコツは、先にパンを焼いてマシュマロは後のせがお約束。上からアルミホイルをふんわりかけて、目を離さず色よくトースト。焼けてとろ〜りのマシュマロはたまらないおいしさ。パンとマシュマロの間に板チョコをはさんだり、バターを塗るなどアレンジはいろいろですが、おすすめはプラスツナチーズ。

6枚切りの食パン1枚にスライスチーズ1枚とツナ適量をのせて軽くトーストし、焦げ防止に半分に切ったマシュマロ数個をのせて焼き色がつくまで焼くだけ。マシュマロの甘味とチーズの塩味で甘じょっぱい味になり、ツナとチーズの旨味相乗効果で、もはや悪魔的なおいしさ！同様にハム（ベーコン）＋チーズなども好相性。

おいしくなるヒミツ

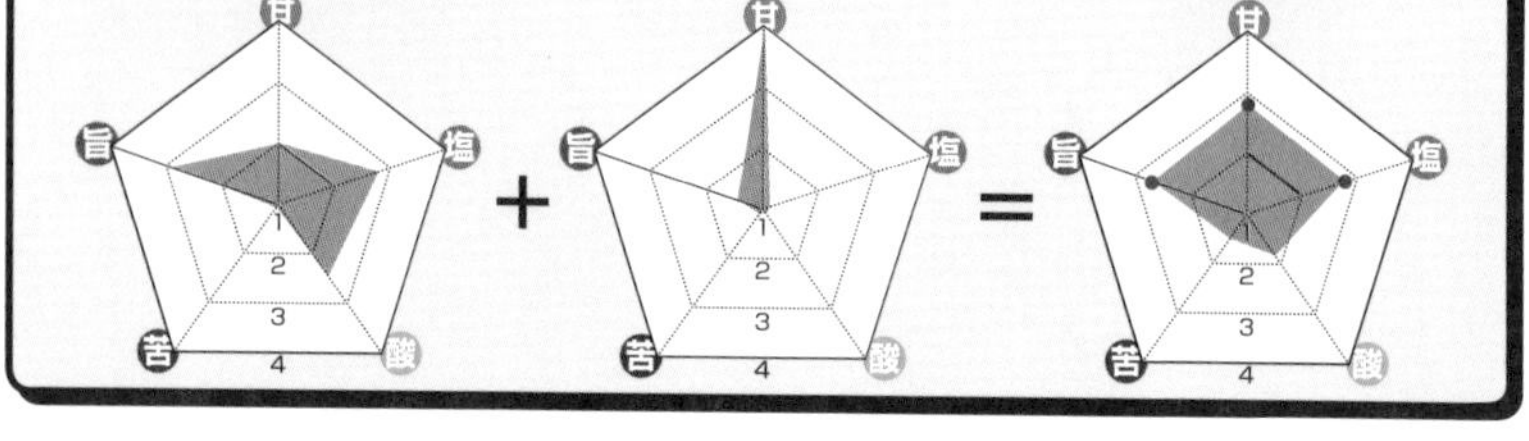

84

バニラアイスのせバナナ+山椒

ねっとりした甘みのバナナは、刺激ある辛い味と相性よし。辛いカレーと甘いチャイが合うのに似ています。まずは、バナナ1本を薄く切って器に盛り、好みの分量のバニラアイスをのせて粉山椒を3ふり。ピリリとした辛みがバナナとアイス、互いのコクを引き立てます。ハチミツとピンクペッパーを10粒ほどかければ、見た目もポップなスイーツに。次に、バナナを皮ごとアルミホイルで包んでトースターへ。焼いて甘みが増したバナナに塩、コショウ各少々ふると、ラムやブランデーのつまみに最適。そしてもう1品。みそ1：バター1：薄切りバナナ8くらいの割合でラップで包み、600wの電子レンジで約2分加熱。バナナの味はみそに吸収されて甘みそ風な味になり、こちらは赤ワインの渋みと実に好相性。

おいしくなるヒミツ

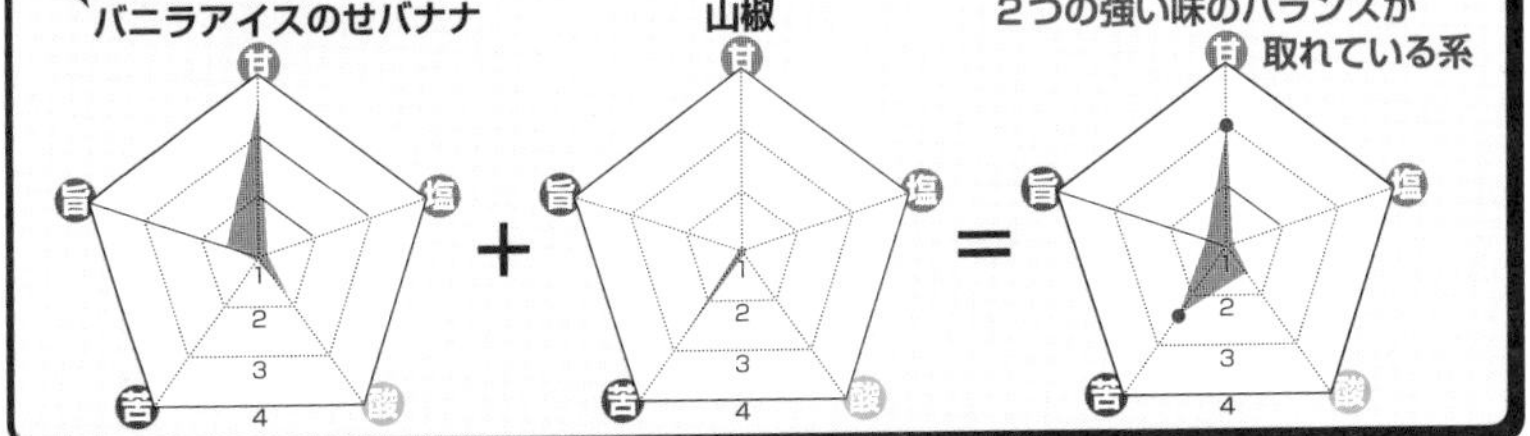

ロースハム＋バームクーヘン

85

おかずクレープ、おかずパンケーキなど、甘〜い生地に塩辛いおかずを合わせるとおいしいのは周知の事実。ではロースハムに、半分に切ったバームクーヘンをのせて巻く食べ方はいかがでしょう？　ハムの塩味とバームクーヘンの甘味のハーモニーが絶妙で、生地の層の食感もなかなか楽しい。塩味と甘味が交互に来るので、食べ疲れすることなく、気づけばずっと食べ続けてしまう、悪魔のペアリングです。

　ここまでくるとおしゃれに生ハムも！　と思いがちですが、生ハムは塩分が強いので、この場合は普通のロースハムのほうがうまく馴染みます。黒コショウをパラリとかければもっと大人っぽい味に。少々小腹がすいている時の白ワインやスパークリングワイン、ビールなどのつまみにぴったりです。

おいしくなるヒミツ

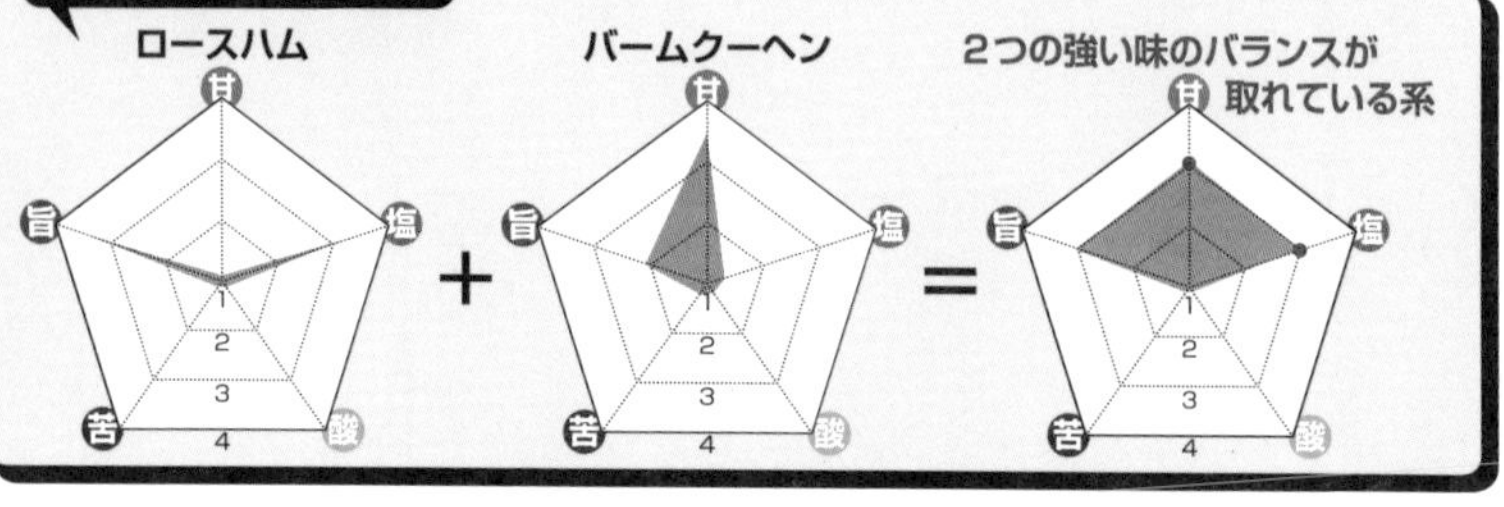

86

べったら漬け＋サワークリーム

意外にも漬物の塩味、酸味、ポリポリ食感と、チーズのようにクリーミー系濃厚食材の甘味、旨味、ねっとりとした食感の組み合わせは和洋混交、酒のつまみに最適です。基本の割合は漬物1対クリーミー系食材1で混ぜます。

例えばべったら漬け＋サワークリームは、少しクセのある甘酸っぱさが辛口の日本酒と好相性。しば漬け＋バニラアイスは、軽めの赤ワインに合います。奈良漬け＋バニラアイスは濃厚な甘酸っぱさになり、力強いボディの赤ワインに合います。また、クリームチーズに奈良漬けやいぶりがっこを混ぜるとシャンパンやビールにぴったり。いずれも旨味と甘味、塩味で構成されたバゲットにのせて食べるのがおすすめ。

漬物をみじん切りにすればより味が融合します。

おいしくなるヒミツ

べったら漬け

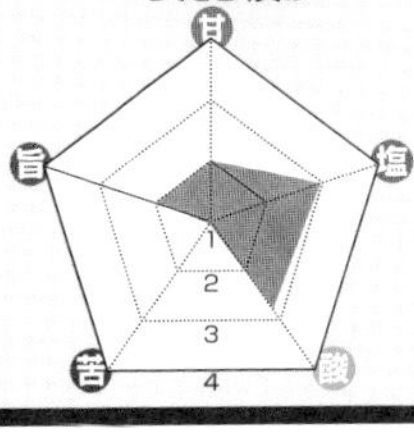

＋

サワークリーム

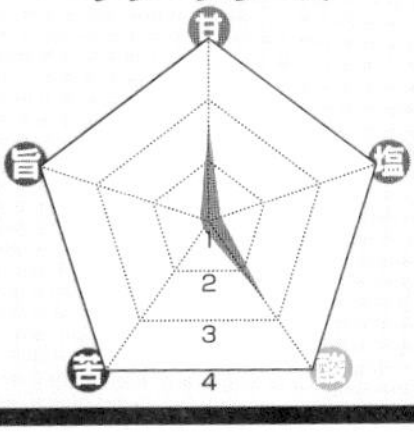

＝

三角形形成系

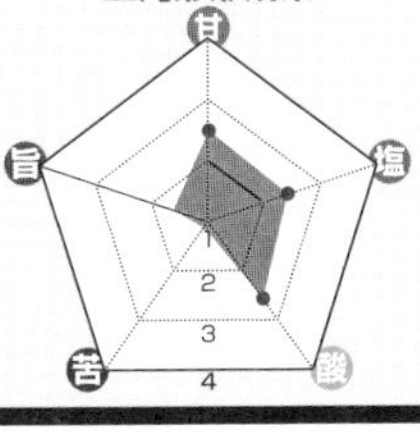

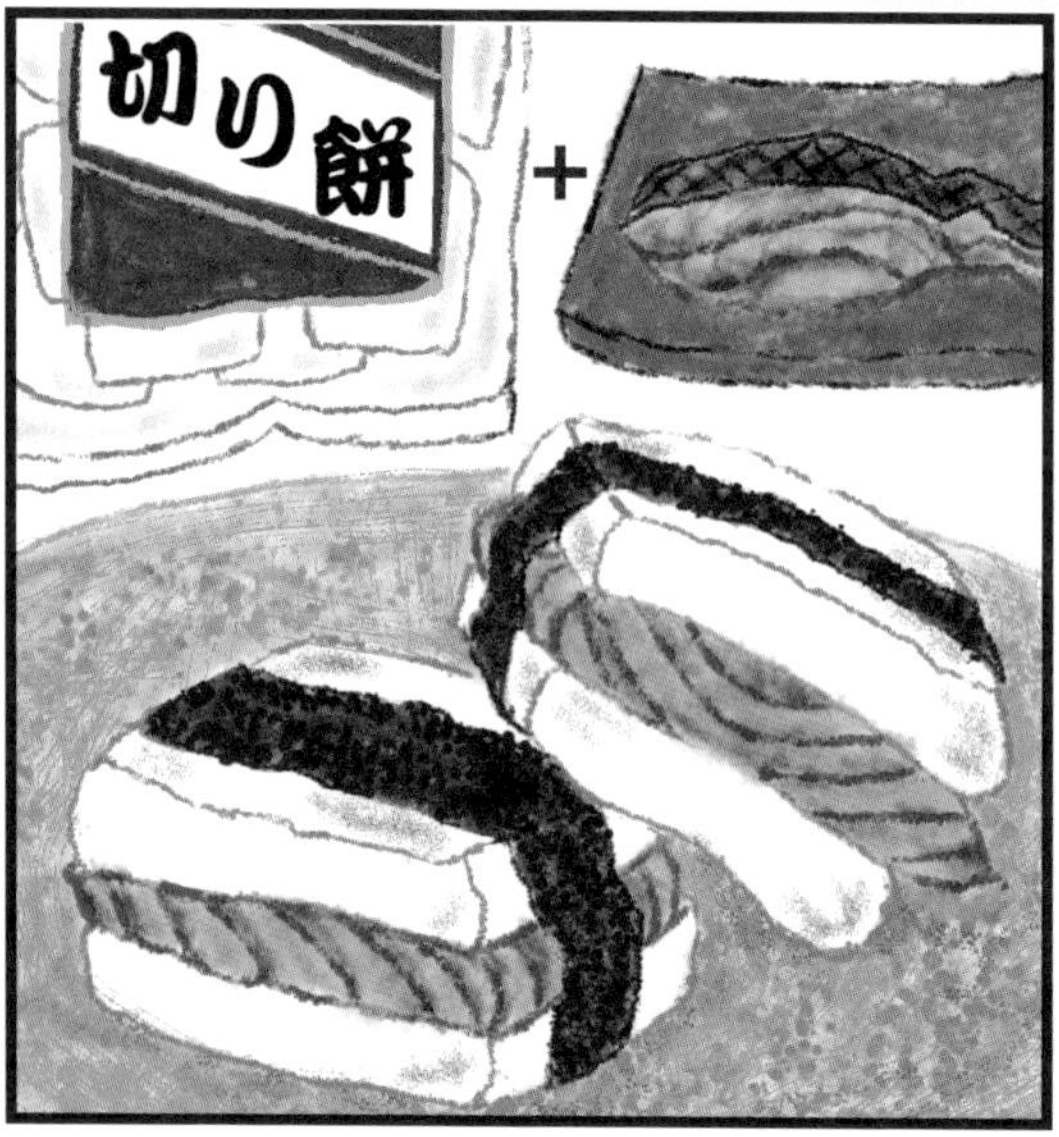

87

焼き餅＋焼き塩鮭

お正月が過ぎ、余ったお餅をどうするか問題の解決策。餅の原料も米なので、おにぎり感覚で食べるのもおいしいはず。そこで、おにぎりの好きな具1位の〝鮭〟に白羽の矢。

焼き餅に、焼き塩鮭をギュッとはさんでサンドウィッチ感覚で食べるのです。餅の甘味と鮭の旨味や塩味が互いに引き立て合い、美味！　さらに旨味の宝庫、のりで巻いて食べると、もう止まらない！

レンジでチンしてやわらかくした餅をフライパンでバター焼きし、焼き鮭やチーズ、納豆、のりなどをはさんでもOK！　バター風味で味のバランスもよい餅バーガーの完成です。

いずれも焼き鮭の身をほぐしてはさめば、餅と鮭の味の融合がよりダイレクトに感じられて絶品です。

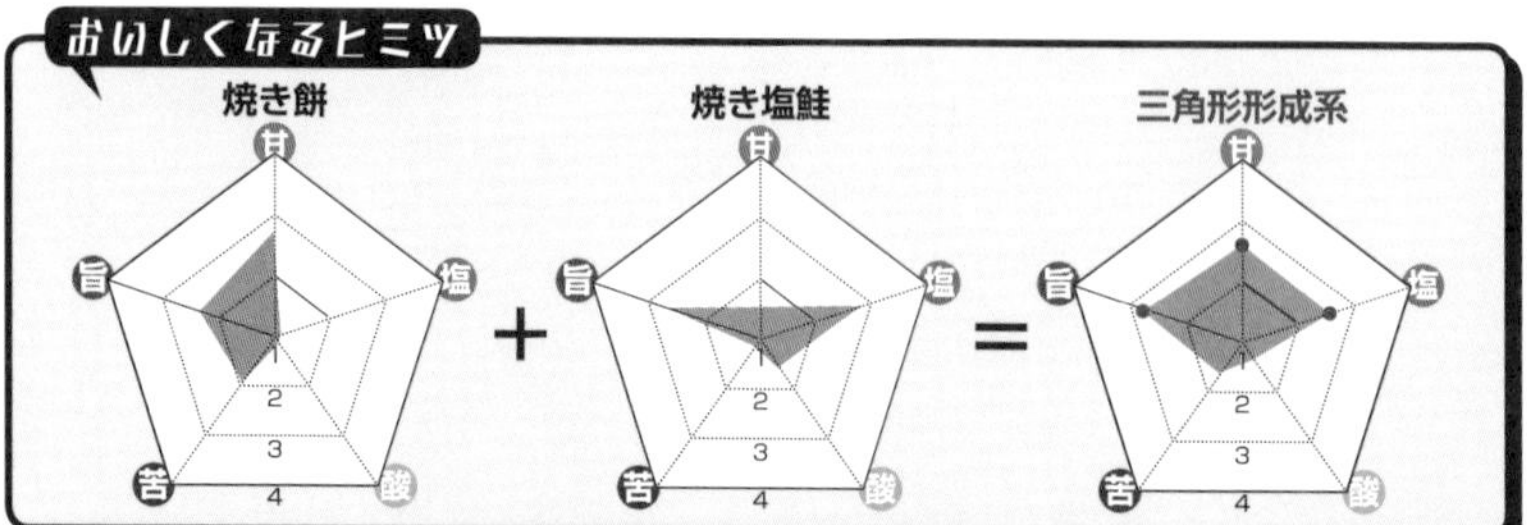

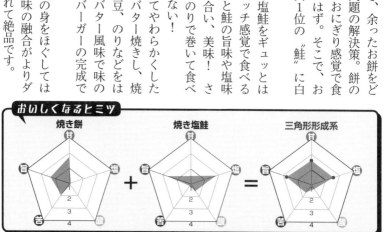

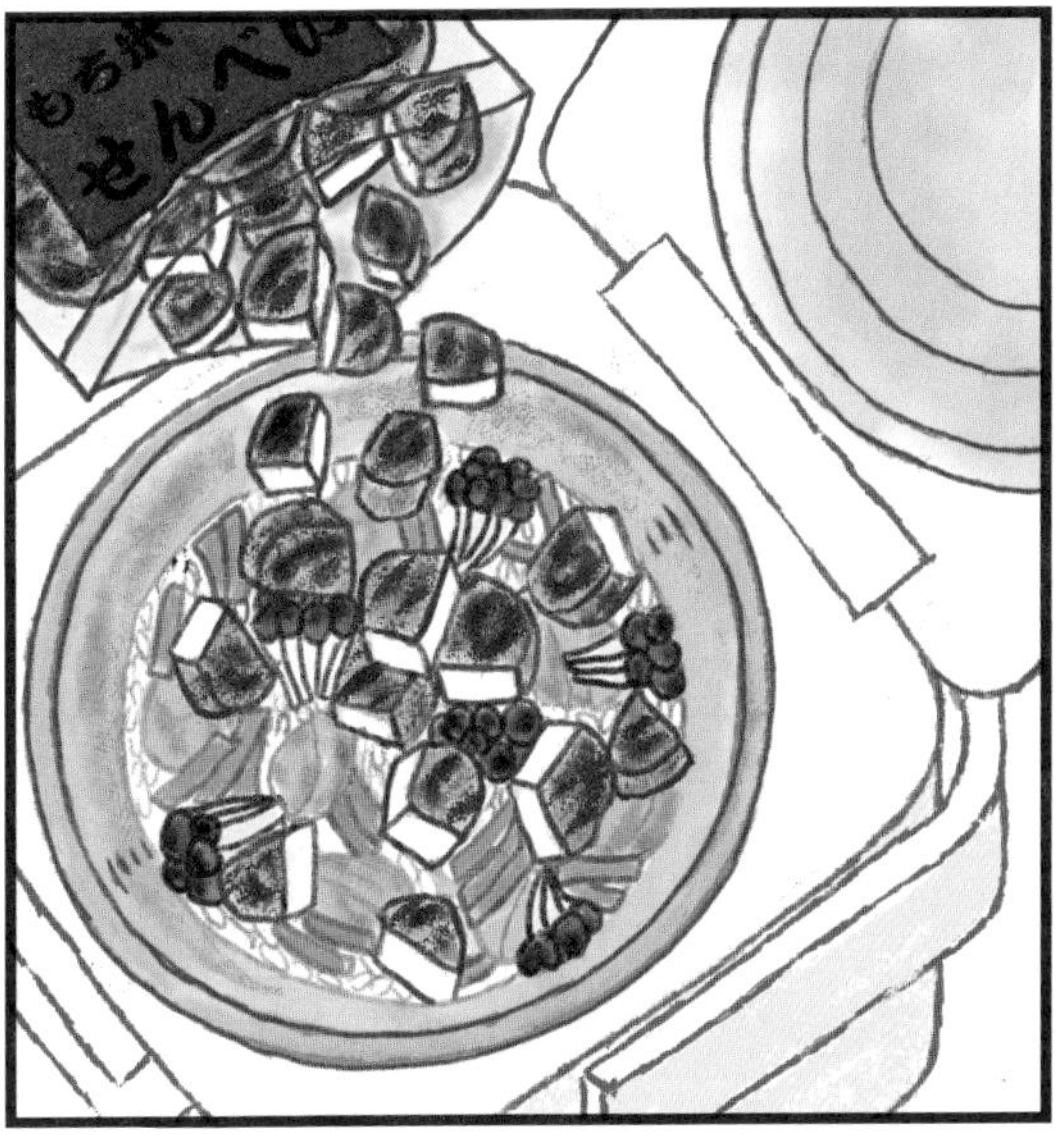

88 しょうゆせんべい＋炊き込みご飯

食べきれずに湿気《しっけ》ってしまったせんべいのリメイク術。材料にもち米を使うせんべいは、米といっしょに炊くと、もち米を加えたようにもっちりとした食感の、おこわ風炊き込みご飯に。作り方は米1合を洗い、水けをきって炊飯器に入れ、酒大さじ½、砂糖・和風だし各小さじ1、目盛まで水を投入。きのこ・にんじん・鶏肉各30gを小さく切ったもの、せんべい30gを細かく砕いて上にのせ、60分ほど置いてから炊飯モードで炊きます。

せんべいはしょうゆ味がベスト。米の甘みとせんべいのしょうゆ味、旨味が互いの味を引き立てます。甘い味のせんべいは米の甘みとけんかして相容れず味が落ちます。

せんべい以外におかきでも作れますが、材料に必ずもち米が使用されていることを確認して使用を。

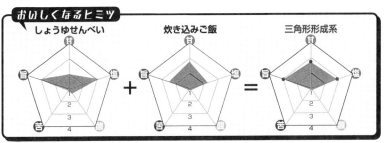

おいしくなるヒミツ

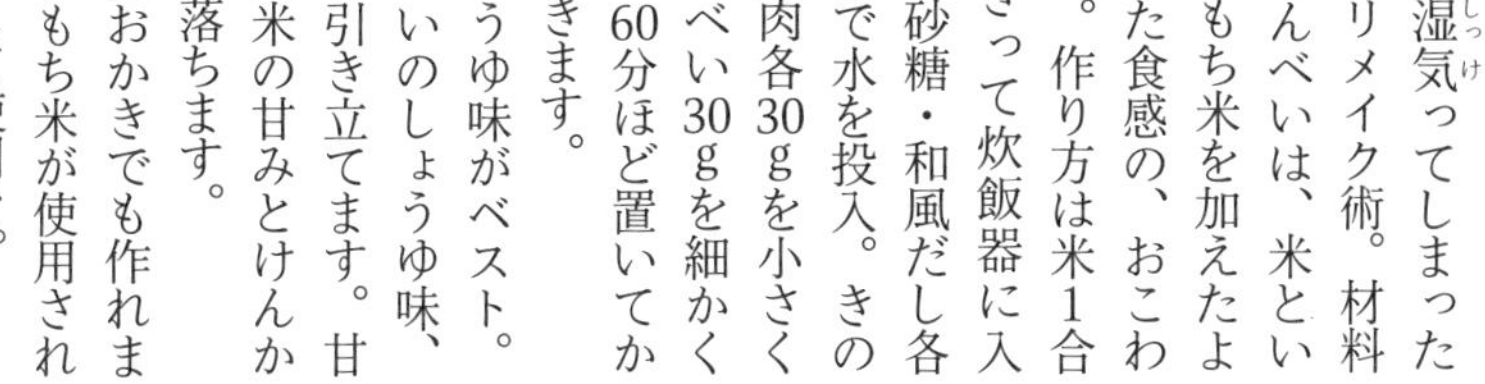

Profile **鈴木隆一**（すずき・りゅういち）

AISSY株式会社・代表取締役社長と慶應義塾大学・特任講師を兼務。慶應義塾大学院理工学研究科修士課程修了後、AISSY株式会社を設立。「味覚センサーレオ」を慶大と共同開発。味覚の受託分析や食べ物の相性研究を実施している。著書に『味覚力を鍛えれば病気にならない』（講談社）などがある。「味博士の研究所」を運営している。twitterは@ajihakase

Staff
イラスト：北村晴子　写真：伊藤泰寛（講談社写真部）
原稿：新海幸子　装丁：田中小百合（オスズデザイン）
デザイン：保坂美季子（朝日メディアインターナショナル株式会社）

ソッコーで人間《にんげん》をダメにするウマサ
悪魔《あくま》の食《た》べ合《あ》わせレシピ

2021年3月3日　第1刷発行
2021年5月10日　第2刷発行

著　者　鈴木《すずき》隆一《りゅういち》
発行者　鈴木章一
発行所　株式会社講談社
〒112-8001　東京都文京区音羽2-12-21
販売　TEL 03-5395-3606
業務　TEL 03-5395-3615
編　集　講談社エディトリアル
代　表　堺　公江
〒112-0013　東京都文京区音羽1-17-18
護国寺SIAビル6F
編集部　TEL03-5319-2171
印刷所　半七写真印刷工業株式会社
製本所　株式会社国宝社

N.D.C.594 111p 21cm ISBN　978-4-06-522700-8